高年級實習生 實習生

馬里亞納海溝
跳島記

MARIANA TRENCH
ISLAND HOPPING

劉玉嘉——著

推薦序 **高年級實習生勇闖馬里亞納**

―――――――――――――――――――――――― 方念華／TVBS主播、主持人

　　馬里亞納群島――好像是地理課才會讀到的幾個字，連玩「大富翁」都不會出現。（大家有沒有同感？很多國名是靠從小玩大富翁，進入我們的知識硬碟裡。）那麼，換個說法：馬里亞納海溝？這下可能不少人有概念了！世界最深的海溝。光是透過這幾個字，畫面就來了，神祕感也隨之浮現！

　　馬里亞納觀光局徵選實習生的活動，其實行之有年。我在2015年曾藉「看板人物」節目，隨著馬里亞納第一屆「實習生」，來到這個充滿原始魅力的地方。當時是一位幸運的實習生女孩成為看板人物，她留給觀眾的印象應該是：充滿熱情、極富好奇心、精力充沛！上山下海我在行！

　　所以當我知道熟識了三十年的學長，好友玉嘉，報名角逐2019年的「馬里亞納實習生」時，所有朋友第一個反應是――哇！第二個反應仍是――哇哇哇！可不是嗎？玉嘉的壯舉還不用正式踏上馬里亞納，已經轟動了朋友圈，也可以說轟動了新聞圈、媒體圈。我們之所以吃驚的原因一致，因為大家都卡在

「什麼年紀做什麼事」的框架裡。當我們活生生經驗到一個近在身邊的人，自己先拆開框架的綑綁，可以毫不猶豫地「撩落去」時，玉嘉連串的舉動，大大刺激了我們快鈍化的青春神經，先喚醒了大夥兒麻痺的末梢，緊接著，就是一步一步召喚出我們「有為者亦若是」的靈魂。

回到開頭所說的，我採訪的第一屆馬里亞納實習生擁有的特質：熱情、好奇心、精力充沛、上山下海皆無懼等，老友玉嘉通通具備；再加上一項好人緣，這是歲月的累積，也是五年級生們骨子裡拔刀相挺的DNA，為玉嘉的徵選關卡兩肋插刀。

我相信玉嘉最難忘的，除了這本書裡豐盛的馬里亞納群島美景和人文外，應該就屬海選時樓頂揪樓咖，阿爸揪阿媽的全台投票大串聯──我們一群朋友以近乎複式動員的頻率，讓許多原本不認識玉嘉的人，竟然接到兩個以上的拉票來源。

這段往事的過程，也確立了玉嘉絕不同於過往馬里亞納實習生的特色──他是獨一無二的「高年級實習生」。

讀這本好書，讀的不只是遊記。妳讀的是：釋放。

年過50歲之後，願意當實習生、樂意當實習生，最後還把實習時間轉化成對大家的祝福──這本書，就是國境開放後，

3

最新鮮的祝福！疫情三年，世界改變得太多；人的遊蹤也更趨向從探索中享樂。高年級實習生先大家一步，在這個釋放自己生命陳規、打開自己身心靈的群島上，結結實實收穫到「高年級」這件事本身帶來的祝福——更敢於與眾不同。

恭喜玉嘉，連續出版兩本書，真的是作家了。

偷偷預報，玉嘉還有一本小說，已經完稿。

就讓我們先與他一起，踏上馬里亞納群島吧！

期待玉嘉這本書，也帶給你／妳跨越的喜樂。在首次嘗試跨越之後，再回到生活原來的定位一定有所不同，也將會了解，下一次的出發，已經在前方召喚著我們。

實習日記記錄無私分享

徐秋華／公共電視總經理

　　一位坐五望六的大叔，竟然贏過年輕的俊男美女成為馬里亞納七日島主，確實出人意表，但看過劉玉嘉的實習日記之後，真的覺得評審們獨具慧眼。資深媒體人蓄積多年的觀察力和優美的文筆，在我們看完這本書之後，不僅一睹馬里亞納群島的美景，更藉著劉島主與當地人的交流和訪談，深入當地的人文特色和歷史脈絡，讓人不禁起心動念，想親訪這太平洋上的絕美之地。

　　首先要佩服玉嘉的體能，可以上天高空跳傘、可以水上駕馭風帆、可以水下深潛，還可以自行車環島，這可不是一般大叔可以做到的，但這也是「50＋族群」的典範，如何讓自己的退休生活健康又精彩，體能的鍛鍊絕不可少。也正因體能不錯，他充分的體驗了島上提供的各種極限運動，而他雖然是在島上才第一次嘗試，現學現賣，倒也有模有樣，著實不易。

　　馬里亞納群島在第二次世界大戰中其實有著重要的角色，不僅是美日交戰的戰場，其中天寧島還是投向日本長崎和廣島

5

的原子彈起飛之地，海中更沉沒著不少軍艦、戰機的殘骸，當年的慘況可見一斑，這些歷史的痕跡在碧海藍天的美景照映下，令人不勝唏噓。書中玉嘉也帶我們瞭解了那段過往與在當地發生的故事。

群島上原住民查莫洛人的熱情與好客，同樣令我印象深刻。玉嘉竟然如此輕易加入路邊家庭的烤肉趴，聽說查莫洛人如果打電話說要來拜訪，可以十分鐘後就出現在你家門口，真的是沒有社交安全距離。而這種樂觀的天性，也帶給這個曾經天災人禍不斷的島嶼永續的生命力。現在的馬里亞納是個充滿各種文化交融的的熱帶島嶼，有著來自各地的移民，書中也揭露了島上新舊住民打拚的故事。

高年級實習生劉玉嘉繼上一本書《從心歸零：800公里聖雅各朝聖之路》之後，透過這本書，又一次提供了我們異國見聞的無私分享，曾經擔任記者充滿好奇心的特性，使這本書超越了一般旅遊書僅限於資訊提供的功能，讓我們除了看到馬里亞納哪裡好玩、哪裡好吃之外，更多了對這個地方深入的瞭解與感動。

目錄

──────────── 飛向塞班島 ────────────

韓國
仁川機場

30° N

臺灣
桃園機場

飛向塞班島

塞班島

地理

- 美國屬地，北馬里亞納 15 座島嶼中面積最大
- 西臨菲律賓海，東濱西太平洋
- 距離台灣東南 2700 公里
- 島西岸是沙灘、潟湖，東是岩岸，外海有珊瑚礁，潛水天堂

歷史

- 原住民查莫洛族和卡若蘭族祖先 3000 多年前從東南亞遷徙來此定居
- 16 世紀起，先後被西班牙、德國、日本佔領統治，成其殖民地
- 二次世界大戰期間，1944 年美對日發動塞班島戰役，日軍潰敗
- 1947 年，聯合國授權美國託管治理
- 1986 年，連同其他 14 座島嶼正式成為美國領土

Saipan

北馬里亞納群島
塞班機場

從 14,000 呎墜落
在灑落的那道光裡
盤旋
張開的雙臂
幻化成飛鳥的雙翼
絕雲霓
負蒼天
足亂浮雲
翱翔九天之上
俯瞰
藍色海洋中
安靜沉默的塞班島

CHAPTER | 01

如夢一場。

從一萬四千英尺墜落

塞班島高空跳傘

來到塞班島第二天的一大清早五點半，夜色中天空透著黎明將至的靛藍，借宿在浪潛水旅行（Wave Dive Trips）潛水店的教練朋友開車載我前往塞班高空跳傘（Skydive Saipan）公司，繳了538元美金的費用，高空跳傘的費用超乎預期的不便宜，但是報了名已沒回頭路，貴就貴吧！穿上藍色跳傘連身服，跟著配給我的跳傘教練羅伯（Rob）和其他同機夥伴，就像小學生要遠足般，帶著興奮莫名的心情登上小飛機，展開了人生第一次高空跳傘體驗。

　　在小飛機轟隆隆的螺旋槳引擎聲中滑離跑道起飛，機艙內的十組體驗人客和教練安靜無聲，沒人交談，可以感受到嚴肅中散發著緊張的氣息。從窗口外望，地面上的建築物愈來愈小，小飛機還在繼續攀升中，塞班島此刻像手繪地圖映入眼簾，白浪如同描邊般鉤勒出島的一隅，海天一線，太陽躲在雲層後，從雲縫中灑出燦燦金光，如同聖光降臨，渲染了菲律賓海和太平洋的海面。

　　早安，塞班。第一次從空中這樣清楚地看著妳。

　　小飛機繼續往上爬升，穿過雲層，再往外看，地上的房舍已經小到完全看不到，塞班島就像是一片綠色的不規則拼圖，服貼地嵌在藍色的海水背景中。我們究竟要飛到多高往下跳？側頭問我後方的連體兄弟羅伯教練，轟轟的螺旋槳聲中聽到他回答14,000英尺，換算成公尺就是4,267公尺，也就是我們要從比台灣最高峰玉山（3,952公尺）還高的高度往下跳的概念。

　　飛機在定點高度盤旋，瞪大眼睛看著先跳的玩客和教練一

組一組從機門口瞬間消失眼前，強作鎮定跟羅伯說：「我的命
交給你了」，他不吭聲，推著我用屁股慢慢挪移到機門口，我
才往外看了一眼，還來不及張口驚呼，就被羅伯用手撥仰我的
頭，然後一拱掉出了飛機外。

　　傘沒張開，羅伯和我往地面墜落⋯⋯。

　　我為什麼來到塞班？以56歲的大齡，一開始就挑戰極限運
動的高空跳傘？這故事說來話長，一個美麗的意外，源於去年
（2019）5月底摯友方念華的一通電話。

　　「馬里亞納觀光局徵選七日實習生的活動開始了，我想到老哥你剛走完西班牙朝聖之路，覺得很適合角逐，相關訊息在他們官網。」

　　官網海報藍色海洋中大海龜下方寫著：「徵求有創意想法的人才，擔任此觀光大使的重責大任，向台灣民眾推薦馬里亞納群島之美」。更吸引眼球的應該是徵才說明下方的「實習週薪六萬元新台幣」，有吃有玩又提供機票住宿，台灣媒體斗大標題「全世界最爽工作」，如此好康的地表爽工的確讓人心動，不過得通過自我介紹一分鐘影片「海選」、網路投票「複選」和才藝表演加面試「決選」三關，過關斬將才能拿下唯一的名額。

　　倒不是看中六萬元的獎勵，嘗試生命裡不曾做過的事，是半百之年後給自己的期許和鼓勵。

　　對電視媒體人而言，製作一分鐘自我介紹影片不是難事，自己一點都不擔心。相當順利地從355名角逐者中入圍14強進入票選第二關，只是看到另外13強來勢洶洶的辣妹和鮮肉，一名中年大叔夾在中間，突兀而有趣，「高年級實習生」一如電影之名，成了第二關票選階段沒有之一的我個人專屬標誌。

　　拉票催票對於臉皮薄如紙的我是件極痛苦的差事，告訴自己體驗一下也好，當作完成一件過去不曾做過的生命註記。也許這個高年級實習生標誌感動了很多人，給了年紀50歲以上的朋友莫大的鼓舞和想望，原來孔老夫子所說的知天命之年，也可以重燃熱情玩年輕人玩的遊戲；也許我的信念強烈，如同《牧羊少年奇幻之旅》小說中所說：「當你真心渴望某樣東西時，整個宇宙都會聯合起來幫助你完成」，票選的拓票力道之強始

料未及，家人朋友的家人朋友的家人朋友，大學高中國中小學
同學的同學的同學，因為很龐大所以說三遍，認識的不認識的，
在強力催票下都熱情熱心投入了這場中年大叔高年級實習生之
戰，這股出乎意料的沛然莫之能禦之勢，讓結果充滿感動和感
恩，第一高票把我拱入最後三強之爭。

　　第三關的才藝表演在美食家、我的大學學弟、台視老同事
吳恩文獻計下，我以主播播報新聞開場，連線現場客串記者的
他，加上立式滾輪後和兩名親如子女的高挑帥哥辣妹載歌載
舞，這一場經過設計的熱鬧秀，我從來沒有過的舞台表演，想
也想不到地把自己推上了馬里亞納實習生寶座，如夢一場。

如夢一場，此刻我漂浮在天地之間的偌大空隙中，整個世界有節奏地在我眼前旋轉。羅伯和我呈趴臥的姿勢，在空中盤旋向下墜落，沉浸在這樣的快感中已經不知什麼叫害怕。在這沒有張傘的一分鐘裡，從14,000英尺的高空墜落，享受自己像隻鳥般御風飛翔，俯看著這個大千世界，經歷著我人生的第一次。

　　伸展著雙臂想像張開的是我的雙翼，自在地飛翔，毫無恐懼地繼續朝著地面飛去，俯瞰著藍色的海洋和綴飾白色邊線的綠色塞班島。有那麼一瞬，彷彿停格在天地靜好之中，而這一分鐘無拘無束盤旋落體的快樂，真的是很棒的一次生命體驗，538美元的這段旅程，不但值了，還超值。

　　羅伯左手腕上的Gopro一直在記錄高空跳傘的過程。疾風可以知勁草，疾風也可以讓人知道臉皮鬆弛的極大程度，加上鹹蛋超人式的護目鏡，簡直就是變臉變醜的極致。回到

地面檢視影片，看著在我上方的羅伯戴著有型的頭盔和墨鏡，帥氣執行著他的任務，再看看令人發噱的那張我的臉，也只能輕嘆一聲。

　　張開傘後到落地的三分鐘，應該是有傘的緩衝，變臉過程終於回復正常，身體的姿勢從水平轉為垂直，視角旋轉九十度，一望無際的海洋和刺眼的陽光。羅伯教練熟練地操控降落傘，緩緩而降，有種御風而行的瀟灑不羈，直到滑行於地面，淋漓

盡致的暢快戛然而止，沒經驗的我屁股著地，結束這一趟難忘
的高空跳傘，但觸地的尾椎也因此疼痛了一天。

　　有人問我：「從 14,000 英尺往下跳不害怕嗎？」來到機門
要往下跳那一刻，照理說該是很剉的，但是我連醞釀的機會都
沒有，就猝不及防地被教練拱出機外。我想高空跳傘的教練大
概都清楚一般人的心理恐懼臨界點在哪，他們一點都不給你機
會碰觸，只要不觸及那個臨界點，自然就能跨越恐懼。

21

CHAPTER 02

寂靜之境。

在馬里亞納海溝潛游

水下 18 米
躺著歷史的墳塚
斑駁鏽蝕的戰機殘骸
望著水面的粼光波動
想著75年前那場戰役的悲愴
與　失落
無聲無息
在無情逝水的流淌中
忘記
早已遠颺的
壯志凌雲
和　英姿颯爽

不可不知的
塞班島潛點

　　馬里亞納在哪裡？很多人聽到我角逐馬里亞納實習生時，幾乎都會這麼問我。

　　「聽過馬里亞納海溝吧！世界最深的海溝，就在那裡。」

　　「你要去海溝當實習生？」

　　問得調侃，去那麼深的海溝當實習生應該會死人吧！突然覺得一萬多公尺下的海底生物很了不起，可以承受這麼大的海水壓力還能自在悠游。我當然不是去海溝當實習生，是海溝上方的北馬里亞納群島。

　　北馬里亞納群島由15座島組成，在關島的北邊，同是美國的屬地，確有著不同的歷史命運。我要去的北馬里亞納，事實上也只有三座島有人居住，塞班島（Saipan）、天寧島（Tinian）和羅塔島（Rota），其他都是無人島。

11月底在馬里亞納觀光局的安排下，我提前一個月一個人搭乘韓亞航A380客機踏上實習生旅程來到北馬里亞納，過境仁川機場還穿著鋪棉皮夾克，半夜抵達塞班機場已經脫得只剩一件吊嘎。北馬里亞納群島四季如夏，長年氣溫在攝氏26到30度間，氣候舒適，空氣清新，海水清澈，充滿陽光、沙灘、比基尼的想像，完全符合度假天堂的寫照。

　　這裡海水清澈，透視度極佳，其中羅塔島海水透視度可深達75公尺，加上多變化的海底地形、豐富的海中生物和珊瑚，以及二戰時期遺留的船艦飛機殘骸，塞班島周邊海中世界儼然成了潛水愛好者潛尋的天堂。

　　到海島當實習生如果不會潛水，無法親自體驗當地的海底世界，有點說不過去。入圍14強後，我是抱著捨我其誰的決心，在票選階段找了潛水教練學氣瓶潛水，花了四個半天拿到開放水域的潛水證照，除了考照期間前往東北角下海四次，之後就再沒機會潛過水。

智勝教練
和船長

來到塞班島後，借宿「浪潛水旅行（Wave Dive Trips）」潛店的教練智勝有天告知有個船潛機會，以為自己拿到潛水證照應該沒問題，爽快地跟著他搭船出海了。只是沒想到，學得快，忘得也快，才下水就狼狽不堪。

那天，海水好藍，陽光灑在海面上，波光粼粼，然而日麗風不和，雖然颱風已經遠離五天，海面上湧浪依舊，船老大把船駛向軍艦島附近海域，船身在海上顛簸搖晃得厲害，對於只有岸潛經驗的我，第一次船潛還是有點緊張。同船的三名韓國辣妹撲通翻下海，跟著她們的教練潛得已無影無蹤，智勝教練則是在翻騰的海浪中等我。第一次背滾入水還算順利，智勝示意我抓住入海的繩索，才握住就聽到像是氧氣瓶漏氣的聲音，嚇得把含在口中的二級頭呼吸管拔下，跟智勝說氣瓶好像漏氣，這時一個浪打上臉，嗆了口海水，重鹹的不舒服感讓自己更加緊張不安。智勝告訴我有聲音很正常，不是漏氣，我咬回二級頭，但他發現我呼吸很急促。

「劉哥，你還可以嗎？你呼吸太亂了，必須平靜下來。」

緊握著繩索，在海面隨波浪上下起伏，吸氣吸氣再吸氣，腦袋裡一片空白，慌張的情緒跟著海水一起波動，被海水嗆過的不舒服感依舊繃緊了我的神經。

「如果不行，你就回到船上，今天就不要潛了。」

「我想想。」都下水了，又要回到船上，等他和船上其他潛水客四十分鐘潛回來，我在船上豈不暈死了，而且這傳出去丟臉丟到了家。我在翻動的浪裡調整呼吸，試著平復緊張，然後我跟他比了OK和下潛的手勢。

不同於海面的波湧起伏，海底異常平靜，安靜得只聽到自己呼吸和泡泡吐出來的聲音，海裡的靜謐逐漸安撫了之前的慌亂，我像魚般恣情自在海裡慢游，雖然潛水姿勢不完美、笨拙了些，那又何妨，我催眠自己此刻我是小時候看的卡通影片中的海王子，我身上背的氧氣瓶就是我的氧氣口香糖，水中呼吸無礙，整個海洋都是屬於我的。

智勝一直伴游在我身邊，23歲的年輕人，水底展現出他的沉穩和幹練，讓人信賴和安心，能跟著識途老「魚」探索這片初來乍到的海底世界，想來也是一種幸福。

游到一艘沉船殘骸前，智勝示意我到傾斜的船邊，拍下這個海底世界的第一張照片。

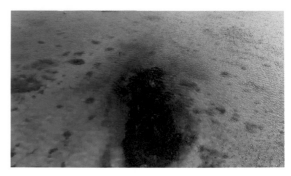

海底沉船位置所在

這艘沉船是二戰遺留下來的日本運輸船 Shoun Maru 號，當時它負責運送物資、彈藥及裝備到羅塔島，1944 年 6 月太平洋戰爭烽火漫天，遭到美軍魚雷轟炸機轟炸，沉睡海底 75 年，時光悠轉，如今成了塞班島的潛點之一。船身長超過 120 公尺，內部可以潛進去，不過顧及我這個潛水菜鳥的安全，智勝只帶我在運輸艦外圍巡禮，其實那個當下我完全專注在海底前進和氧氣夠不夠上，無心他顧這艘沉船的全貌。

第二個潛點是 B-29 潛水點，沉睡著兩具二戰日本 H8K 大型水上飛艇的螺旋槳殘骸，而不是美軍的 B29 轟炸機。看著泡了 75 年的螺旋槳，竟然沒被海水鏽蝕斷裂，完好地撐在那，也是神奇。二戰歷史就這樣靜靜躺在塞班島附近海底任潛水客瞻仰憑弔，這裡沒有讓人驚艷的海底生物和珊瑚，殘骸是主視覺，殘骸周遭只有幾隻熱帶魚怡然穿梭，還有礁岩洞裡只露出尾巴不肯探出頭的魟；智勝指著水面示意我往上看，只見成群的銀梭魚在亮晃晃的水面下一字排開前進。殘骸和銀梭魚群，是我首潛塞班海底，收到的最棒視覺禮物。

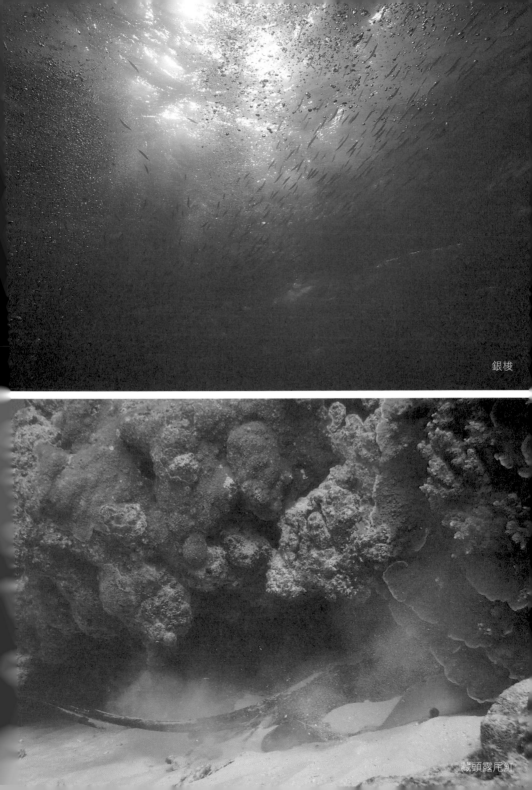

銀梭

藏頭露尾紅

戰爭
從來就不仁慈
他們的死　帶不回家
生生世世　流連在
深邃藍色
憑弔戰爭的萬歲崖

CHAPTER | 03

憑弔歷史。

塞班島的那一場戰役

深邃的藍
埋藏深邃的悲傷
蒼壁白浪
拍擊蒼白的過往
戰爭
從來就不仁慈
戰役
兵臨島的盡頭
佝倒的太陽旗
催逼成千大和子民
千仞絕壁一躍而下
他們短命的口中喊著
萬歲 萬歲

得天獨厚海島原始風光的北馬里亞納群島，不僅僅是光觀光的勝地，也是一本歷史教科書，記錄著二次世界大戰留下來的殘骸、遺址和故事。

車子行駛在塞班島的海灘路上，迎著海風，放眼是細白綿延的沙灘和碧波萬頃的海洋，大海的遠方泊著幾艘雄偉的美國補給艦。在馬里亞納七日實習生正式活動展開前，提前三個星期的海島假期，享受著一個人旅行的快活。

「看到海上露出個頭的坦克車沒？」浪潛水旅行潛店的教練顆顆指著海上坦克的位置，一個在海灘路上用肉眼就能看到的景物，二戰塞班戰役中擱淺至今的攻島武器，如今遊客打卡的觀光景點。歲月的流淌，總有那麼一刻讓人無法預期。

1944年6月15日，美軍超過300輛兩棲登陸車載運超過8,000名海軍陸戰隊員從塞班島西部海岸登陸，對島上日軍發動破曉攻擊，日軍砲火還擊，戰況慘烈。海中這輛高將近三公尺的坦

克車，是美國在二戰時期開發製造的M4謝爾曼坦克，當時被日軍砲火擊中受損無法前進，坦克裡的陸戰人員棄坦克企圖逃向海灘，如果沒溺死，相信日軍子彈、大砲和迫擊砲的槍林彈雨也會要了他們的命。

海上坦克在塞班島的期利利海灘（Kilili Beach）外海不遠處，距離海灘目測大約3、400公尺左右，水不是很深，前200公尺海水大約及肩高度。「如果用走的過去當然也行，但不知走多久，浮潛踢水過去比較快。」就在顆顆教練把他的潛水面鏡遞給我的時候，只見同行幾位從台灣來塞班自由潛水的年輕朋友已經如魚得水般向海上坦克游去。

　　時間鏽蝕了當年坦克的顏色，觸摸起來已經沒有金屬的感覺，倒像是一尊有著坦克模樣的海蝕巨石，坦克砲管昂揚地指著前方，陳說著一段自己未竟之功的傷痛。海水清澈，浮潛可以清楚看到沉在海裡坦克部分鏽蝕得更加嚴重，不過非常完整，熱帶魚則是在車身車輪的空縫中悠游穿梭。

　　聽當地的導遊朋友說二戰遺留在期利利海灘附近海上的坦克有三輛，呈三角形排列，三邊加起來800公尺，站在坦克頂上環目四顧，只看到另外一輛，遠遠地也露出一個頭和砲管，向無情的歲月招著手。

戰爭，總是殘酷，人命如草芥，戰車如敝屣。

震耳欲聾的漫天砲火在塞班島迴盪，這場戰役打了25天，驚天地泣鬼神，日軍兵敗如山倒，把日本島上殘餘數千軍民一路往北趕，逼到走頭無路。當年發動偷襲美國珍珠港引爆二戰太平洋戰爭的日本前線指揮官南雲忠一，眼看戰爭無望，於是下令逼迫這裡上千的日本軍民，口中高喊「萬歲」從30公尺高的懸崖跳崖自殺，大海和礁岩成了他們永遠歸不得故鄉的墳塚。在美國紀念公園的史料館中，珍藏著當時這段慘不忍睹的跳崖記錄影片，看著日本女學生在刺刀逼迫下縱身往崖下跳，

究竟是誰在生死一線之間，還能若無其事不生憐憫掌鏡拍攝這樣殘酷的歷史畫面，著實令人匪夷所思。這是傳說亡魂不散的萬歲崖名稱由來，不過如今也成了塞班島必去的打卡景點。

站在忠魂碑前眺望斷崖和湛藍的海水，無法想像那成千跳崖的日本人當時是怎樣的心情；摸著忠魂碑、看著四周一字排開大大小小的紀念碑，總覺得有些諷刺，日本人愚忠赴死的諷刺。這是哪門子的慷慨就義？走近斷崖，風聲呼嘯有如鬼哭神號，倚靠著圍欄往崖下俯瞰，這高度還真讓人膽顫心驚。

萬歲崖地處空曠，沒有光害，天氣好萬里無雲日是夜裡觀星的好所在，星羅密布，運氣好還能看到銀河，晚上來過這裡的顆顆教練跟我說，半夜烏漆嘛黑的，陰氣感覺更重，雖然有尊觀音像豎立普渡著亡魂，上來還是會毛毛的。

「劉哥，要不要找個晚上過來看星星？」

「嗯，我想～想。」

一個想，表示要，兩個想，有了猶豫，當然，想了一個月，我也沒付諸行動，不想驚擾打攪陰靈的安息。

距離萬歲崖幾百公尺遠的大馬路旁，是另一個二戰留下來的遺址，最後司令部（Last Command Post），這裡就是日軍退守的最後一個作戰基地。最後司令部設在自殺崖山崖下岩壁的的洞穴中，非常隱蔽，不過行經此處第一眼看到的，是地面上陳列的大砲、坦克、砲彈的殘骸，散落在修剪整齊的如茵綠草地上，非常吸睛，儼然一座二戰殘骸歷史公園，讓人不側目、不下車都不行。

這些槍砲戰車後方有一樓梯通向隱藏在洞穴裡的司令部遺址，石洞矮小，我們得彎腰低頭進去，裡面已是空空蕩蕩，陽光從山壁破洞中穿射進來，曾經是塞班戰役日軍總指揮官齋藤義次負隅頑抗最後發號施令的地方，如今我利用洞裡明暗光影留下一幀歷史穿越的照片當作紀念。

歷史的資料顯示，齋藤義次在這裡作出寧為玉碎的最後自殺性攻擊計畫。他說作戰至此已退無可退，這時候居民和士兵

已無分別，沒武器的也該拿起竹矛衝鋒陷陣，寧死不當俘虜。1944年7月7日，他發動最後攻擊命令，包括頭上纏著繃帶、拿著枴杖、沒有武裝的傷兵向美軍戰線衝衝衝，雖然全部被殲滅，但這波自殺性攻擊也造成美軍第105步兵團第1、2營近乎全滅，共死傷650人。而發動最後攻擊的齋藤義次，則是在7月9日美軍宣布占領塞班島後，在最後司令部的洞穴裡切腹自殺。

另外，最後司令部上方的自殺崖，光聽名字大概也可以猜知一二，這裡是戰敗日軍集體自殺的場景，關於死法，有一說跳崖，有另一說是切腹，不管哪一種，都讓人慘不忍「想」。

75年的時間距離，我現今站在這一方土地上的打卡景點，穿越回到過去，卻是個滅絕的殺戮戰場。當時日本帝國的擴張野心，貪婪地、殘酷地，讓他的子民屍骨無存地葬身在這裡，永無歸鄉之日。

CHAPTER 04

綠色珍珠。

軍艦島打不沉的傳奇

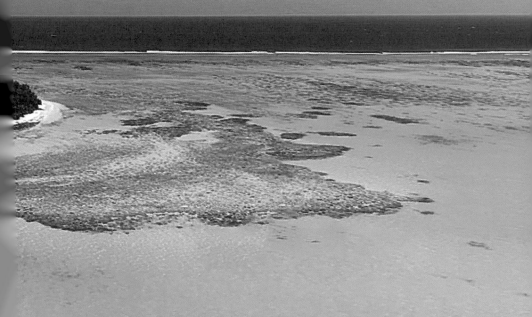

七色琉璃的海洋
漂浮
一顆鑲白邊綠色珍珠
吐納
夏日呼吸的寂靜
查莫洛瑰麗的 Managaha
二戰擊不沉的軍艦島
充斥著
陽光 沙灘 比基尼
和 浪潮湧動的歡愉
青春
在這遺世獨立的小島
落腳
輕柔地 來而復去

　　對於北馬里亞納群島的第一印象，來自網路上看到的一張照片，一座彷彿遺世於汪洋大海中的孤島，墨綠和白色是它的主色調，就像一顆鑲了白邊的綠色寶石，安靜地浮躺在土耳其藍的襯布上。

　　軍艦島，我們這麼叫著；當地查莫洛語叫做Managaha，意思是綠色的珍珠，在查莫洛人老祖先的眼中，這是神賜與他們的一塊瑰寶。

　　至於玲瓏剔透的珍珠為何搖身一變成了雄壯威武的軍艦島，據說又是二戰惹的禍。塞班戰役期間，日軍在這座島上建築碉堡架設砲台，美軍的轟炸機從空中俯瞰，儼然像一艘軍艦航行於大海之上，於是不疑有他地「進行一個」連番轟炸的「動作」，奇也怪哉，怎麼炸就是炸不沉，後來才發現炸的竟是一座島，從此Managaha多了軍艦島的稱號。當時日軍架設的大

砲，還有兩尊砲管留在島上沒有撤走，砲口朝海向天，遙指著當年這段戰役歷史。

有人說，沒去軍艦島，就不算真正到過塞班島，這西太平洋上一方淨土仙境散發的魅力，自是要親臨一探。軍艦島登島有時間管制，每天只開放到下午四點鐘，可以從加拉班（Garapan）市區的碼頭搭渡輪過去，不過我是透過智勝教練聯絡當地查莫洛船家搭快艇登島。

「船家說下午兩點才有位子。這樣你在島上待不到兩小時，還要訂嗎？」智勝問我。

原打算去軍艦島消磨半天時光，拍拍照、泡泡水、躺在沙灘上曬曬太陽放空，然後散步林間呼吸芬多精，沒料到船家生意這麼好，不到兩小時，到底要不要去？心裡很掙扎。外頭的天氣真好，天藍雲白，太陽燦燦金光耀眼，熱力四射，別辜負海島美好時光的念頭油然而起，此刻不去更待何時，不到兩個

小時就不到兩個小時，隨緣跟心走。

「訂，麻煩幫我訂，今天沒安排其他活動，閒著也閒著。」

膚色如炭的船長穩健掌著舵，快艇在風浪裡飛馳，顛簸起伏間，海水不時打進快艇飛濺衣衫和身體，沁涼。放眼四望，清澈的海面因為海草和海底礁岩的緣故不停地變換著顏色，不同的綠和藍在海面上起伏晃動，陽光愈燦爛，顏色層次愈分明，形成塞班島獨有的七色海美景，豔陽天站在島上最高峰踏破潮山（Mt. Tapochau）往下看，宛若琉璃般的七色海更是一覽無遺，盡收眼底。

搭乘快艇的來回費用是20美元，另外上了軍艦島碼頭還要繳5美元的登島費才能入島。一條筆直寬長的棧道矗立海中礁岩之上連接著碼頭和島，拉出軍艦島近距離美感的風情。步出棧道踏沙而行，沙白晰柔細，迫不及待脫下涼鞋拎在手中，第一時間赤腳感受這島的溫柔。沙灘上一排椰子樹迎風搖曳颯颯作響，刻寫著Managaha的石碑歡迎遊客來到島上。

順著動線方向往裡走到遊客聚集的地方，人潮不少，倒也不覺喧鬧，也許大家都安適於軍艦島的這份閒情。豔黃的大陽傘在椰子樹下參差排列，陽傘外一大片白色沙灘豁然展開向大海延伸，有人在海灘椅和沙地上或坐或臥曬著太陽，孩童坐在海邊戲水堆沙，我信步這座島上，邊走邊按快門，一幅幅悠閒的海島夏日風情畫。

白色沙灘外用浮繩圍起來的安全海域是浮潛區，水最深處只到胸口。浮潛區的海水清澈平靜，有時候站在水裡就可以看到熱

帶魚在腳邊穿梭，不過不多而且色彩不斑斕，魚多繽紛的地方在安全區外，總有人想跨越，這時就會聽到觀望台上的救生員吹起嗶嗶嗶的哨音，然後拿著擴音喇叭警告「不准游出安全區外」。

　　不過真想在這裡看一群一群繽紛多彩的熱帶魚和美麗珊瑚，也不是不行，軍艦島有另外的浮潛活動安排，專人導「游」，花點銀子就是，30到50美元。浮潛的裝備可以自備，也可以在軍艦島的裝備區租借，15美元。島上還有其他的付費水上活動，像是拖曳傘、體驗潛水和香蕉船，如果膽子夠大，喜歡享受刺激的快感，不妨試試。

　　玩水曬太陽之外，走進綠樹林間漫步其中，呼吸綠色精靈釋放的芬多精，享受嗅覺的純淨。軍艦島上熱帶常綠植物成林占了三分之二面積，不同的樹種有著不同的姿態，穿梭林中，彷若走進了一座清幽的世外桃源，可以暫時放下塵俗。

　　軍艦島下午四點準時「關」島，回程船上一對韓國母女坐上快艇牽引的香蕉船，看她們一路從驚叫到享受，也跟著開心起來，在海風浪花夕陽中結束這匆促的一段遊程。

　　有限的兩個小時裡，逛島拍照紀錄占據了所有時間，跟自己說好無所事事的閒情逸致呢？一刻也沒享受到；來到軍艦島沒充分體驗感受陽光沙灘海水，塞班真的就白來了。於是，另外找了一天充滿陽光的日子再度登島，塗滿塗好助曬油，在熾熱的太陽底下暢快地流著汗，躺在沙灘上閉目享受日光浴，聽著大海波動的心跳聲，沉浸在綠色珍珠這一方淨土的寧靜之中。

馬里亞納觀光局提供

100公里環島自行車
逆風 陡坡 遙遙無期
抽筋 腿廢 刻骨銘心
折磨中汲取教訓
在年歲中切莫逞強
啊 多麼痛的領悟

CHAPTER | 05

地獄之門。

塞班環島之騎初體驗

鳴槍聲響

迴盪

才甦醒的塞班清晨

飛輪呼嘯

踏向馬里亞納地獄門

苦難

在看不見的遠方

向滷肉腳的我似笑非笑地

招手

天堂有路

地獄無門

硬是一頭闖進地獄之門

退無可退

　　天未亮，浪潛水旅行潛店的教練顆顆摸黑幫我把越野車抬
上皮卡車，在夜色中沿著海灘路一路向北往馬里亞納渡假村
（Mariana Resort and Spa）的方向前行，抵達環島自由車的起點，
車手群集，音樂人聲鼎沸，在微涼的風中，天色逐漸由黑轉明，
一場體力的競賽即將展開。

　　馬里亞納觀光局在我來到塞班島沒多久，就幫我報名參加
了一年一度的塞班環島100公里自行車大賽，我看著環島路線
平面圖沒什麼概念，只覺得如果騎著自行車環繞塞班島一圈，
也算是這趟實習的一項紀錄，欣然接受。雖然在台灣很少騎自
行車，也從來沒練過，不過想到自己西班牙800公里朝聖路都
走了，騎100公里的自行車應該不是問題。

　　自行車環島塞的名稱很嚇人，Hell of the Marianas Century
Cycle，馬里亞納地獄之門，心想取這之名會不會太誇張了點，
總不會騎完真把人送進了地獄裡，這恐怖的名稱益發讓自己想

看看塞班的自行車環島究竟有多地獄。

這次環島自行車大賽有127名來自11個國家和地區的好手參加，其中17名屬於國際職業級車手，我隱身其中應該算是最滷肉腳的一位，自是沒有得失心，只想把這個過程完成。或許難度真的很高，馬里亞納觀光局台灣代表米蘭一再叮嚀，報名只為了讓我體驗這項活動，騎不了隨時可停，能騎多遠算多遠，安全第一。

安全第一，台灣代表話中有話，感覺這趟環島競逐中藏有某種程度的危險。

由於是臨時安排的實習行程，馬里亞納觀光局幫忙借了輛越野車和安全帽，當然帥氣的車衣車褲就免了，只是跟現場的自由車選手們一比，穿著顯得相當不專業和邋遢。

　　既然無所謂輸贏純體驗，鳴笛出發的當下拍張照留念很重要，只是拍完照準備騎車上路時，其他車手早已不見蹤影，也好，沒了比拼的壓力。一開始的路線沿著海灘路騎行，清晨海風徐徐，沿途路樹的杉針隨風輕擺，陽光初露，平靜的海面上倒映著白雲、飛翔著鷗鳥，好幾艘大型補給艦一動不動地停泊在外海，風光如此綺麗多嬌，這車騎得輕鬆愜意。地獄之門？主辦方在唬弄誰，心想根本就是天堂之門。

　　騎了10公里後開始思考是否要就此打住折返的問題，一些考慮下，決定撐住騎完這100公里。考慮一，潛水教練顆顆一早四點半起來送我去比賽場地，幫我拍完出發照才回去潛店補眠，如果太早折返，他回籠覺會被打斷，得麻煩他再過來接我，於心不忍；考慮二，依舊想挑戰自己的能耐，看看自己有多行；考慮三，喜歡一個人在路上想事情，反省一下自己人生上半場，思考一下自己人生的下半場，就像在西班牙朝聖之路一樣；考

慮四，沿路風景這麼美，難得有機會騎著自行車環島塞班，不趁此機會飽覽塞班環島風光，可惜了。

我想得過於單純，以為這一路就像起始這樣，道路平坦，起伏不大，充其量就是騎上幾個小時，屁股疼痛而已。孰不知這樣出於好心、浪漫和無知的決定，在沿途美麗海岸路線結束後，讓自己真的墜入名符其實的地獄門，愈往前進，愈是退無可退，只能硬著頭皮騎下去。

出現坡道了，越野車爬坡沒想到如此吃力。剛開始幾個短陡坡還能應付，之後的長坡簡直要命，一個接一個，而且還逆風，爬得我大氣直喘，腳踏板一度蹬到像是時間停格般踩踏不下去，不得不停下來稍事休息，感覺大腿在抗議，有點想放棄，但是牙一咬繼續騎行。

勉力騎到第二個供水站時，服務的義工稱許我騎越野車的速度如此之快，說是還有很多車手在我後面。我知道他在日行一善，佛心來著，第一梯隊準點出發，因為拍照，我是最後一

個，一路上沒看到半個同時出發的車手，在我後面的車手根本是晚到晚出發的一群人，而且還不斷從後面超越我。義工又告訴我，最難騎的路段已經結束，我滿心歡喜，以為苦難終於解脫，就算接下來還有坡道，應該也不會比之前這個長坡道難騎。

接下來是下坡道，那種御風飛馳的破風感覺真棒，正在暗爽之際，瞥見另一頭爬坡的車手時，心裡大驚不妙，這坡之陡之長遠甚於剛剛讓我吃過苦頭的上坡道。

果不其然，中點在勞勞灣高爾夫渡假村折返後，那個讓人很爽的陡下坡倒轉變成了陡上坡的惡夢，坡段騎不到三分之一就再也踩踏不下去，大腿肌肉像是抽筋般糾結如硬石，痛到最高點，腦袋當下浮出橫紋肌溶解的可怕畫面。停下來坐在路邊草地休息，看著後方車手吃力爬著坡，等到肌肉僵痛稍微緩解，

牽著車一拐一拐地上坡，我應該是第一個牽車爬坡的人，丟臉就丟臉吧，大腿不痛比較重要。

我是輕信了那名供水站義工善意的謊言。中點折返之後的路線比上半場的坡道更多、更難騎，聽路上認識從天津來這裡讀高中的小朋友說，折返路線有一段在塞班最高點的踏破潮山（Mt. Tapochau）附近，山地高低起伏，怪不得沿路看到很多車手也都在推車。我的體能還行，但是大腿的肌肉已經超過它的負荷，只要一上坡，大腿就崩潰，上坡段完全牽車而行，天津小朋友善良而溫暖，一路陪我聊天走出這段起伏山地。

環島下來，我終於知道為什麼是地獄門了，這名稱真的一點也不誇張，但無論如何，這100公里的自行車環島我還是堅持完賽，拿到一枚紀念獎牌以資鼓勵。

CHAPTER │ 06

波光瀲灩。
七色琉璃海快意揚帆

那煙波浩渺的海洋

有一葉孤獨的帆

逐浪

於蔚藍之上

參差起伏的波湧

伴隨一望無際的目光

十萬八千里的遠方

看見夢寐的漂盪

我的眼中沒有藍色的憂鬱

與惆悵

在漫無目的的未知航向裡

只有斑斕

與輝煌

子曰：道不行，乘桴浮於海。

　　孔老夫子的理想抱負無法實現，跟學生子路說，隨我乘著木筏飄洋到東海遊蕩吧！姑且不論他老人家當時是負氣說這話，還是對子路開的玩笑，總是這份乘桴浮於海的壯闊豪情，讓人心嚮往之。

　　塞班島西岸的七色琉璃海在陽光照射下很美，想像在這樣的海面上乘著一片竹筏或划著一葉扁舟，灩灩隨波海上飄盪，倒也快意人生。當然，21世紀觀光島嶼周遭的大海上自是不會出現古代的木筏扁舟，有現代風帆可以乘風也是一種逍遙自在。

黃安國提供

站在沙灘向大海遠眺，海面上真的有帆影點點，不多不少只有兩個點，兩艘風帆鮮艷地漂浮在海面上。雖然看見只是屈指可數的帆船，腦海裡還是很自然地浮現出溫庭筠「過盡千帆皆不是，斜暉脈脈水悠悠」的詩句，美麗的惆悵。

被珊瑚環礁圍繞的塞班島西岸形成一座面積相當大的潟湖區，綠色珍珠軍艦島也座落在潟湖之中，只要沒有颱風，平時浪並不大，適合海上娛樂活動的發展，但是風帆在這裡並不多見。聽說在塞班玩風帆曾經只是富豪人家的時髦活動，後來沒人玩了，海上風帆一度消蹤無影，直到近幾年才有人開始經營風帆生意，但也就那麼一兩艘。

因為馬里亞納實習生選拔在票選過程中和旅居塞班多年的譚海滔結緣，初到寶地拜訪他時，意外得知海上看見的兩點風帆中的一點，是他朋友黃安國所經營，於是在他的安排下，我們登上黃安國的Hobie Getaway帆船，航行於塞班潟湖之上，展開我在塞班的揚帆初體驗。

這一天豔陽高照，晴朗無雲，浪不大，張帆航於海面上，吹著海風相當舒適，正所謂水光瀲灩晴方好，一船陽光一帆風，譚海滔說塞班最好的天氣都給了我。在這潟湖區內，太陽光直接照射在清澈的大海上，讓海水的顏色層次更加分

明，當地人稱呼為七色海。海水顏色隨著船離岸一路變化，淺綠、綠、深綠、淺藍、藍、深藍，還有一種顏色是什麼？數算不出來，也許是藏在藍綠之間我不知道也看不出來的色澤。

　　第一次玩帆船，在黃安國的指導下，小心翼翼套上安全褲帶，勾掛住帆船上的安全索，半蹲踏上扶把，然後兩腳蹬直後傾，整個人斜出帆船之外。斜掛的這一刻非常美妙，比坐在帆船上的感覺還棒，在呼呼吹拂的海風中，在上下起伏的湧浪間，在熾烈刺眼的陽光下，享受著純粹沒有雜質的「放浪」人生。

黃安國遞給我架著 Gopro 的遙控長桿，口授如何自拍和錄影的技巧，一手攬繩，一手持桿，極盡下腰之能事，乘風顛簸之中，完成一幀幀心滿意足的自拍傑作，海上「斜槓」體驗的難得記憶。

黃安國熟練操著舵、控制帆的風向角度，帶著我們在軍艦島周圍悠遊。雙船體的帆船不大，最多只能載客六名，無法肆意走動，除了體驗斜掛帆船的刺激外，大部分時間都得安靜地坐著，不過三五好友一起閒話家常，欣賞海天一色，或是海上落日餘暉，也是一種海上旅遊的情趣和樂趣。

和兩位老大哥雖說是初見面，倒也不覺生分，大家在帆船上輕鬆聊著天，像是認識了很久的老朋友。風浪中聽他們說起過往人生，各自精彩；因為喜歡大海和海島生活，讓他們從中國三亞比鄰而居變成好朋友；因為愛上塞班這片海域，覺得適合發展帆船活動，又讓他們從好朋友變成了投資合夥人。

譚海滔曾經在菲律賓賭場工作過，後來投資夜總會介入經營，夜總會生意大好，一度引發菲律賓合夥人貪念，打算找黑道幹掉他，聽到消息後他透過菲律賓國家調查局朋友出面處理，逃過死劫。之後，他去了美國做汽車銷售，阿沙力的個性

黃安國（左）與
譚海滔（右）

讓他的業務蒸蒸日上，日進斗金，很短時間內就累積一筆財富，後來又從美國搬到三亞，經營起遊艇生意，從此和大海結下不解之緣，輾轉來到塞班定居，投資做生意。

　　至於黃安國和帆船結緣，也有段故事。他原本是美國英特爾公司的資深工程師，工作多年後想自行創業，回到上海和朋友開了一家電子設計公司，公司經營有聲有色之際，不料朋友罹癌，他看著朋友化療形銷骨毀，讓他對生命有了新的體悟，

決定要過不一樣的生活，不能再沒日沒夜為了賺錢折損健康，於是他結束公司來到靠海的三亞賣起紅酒。

「這轉變挺大，但是您的人生又是怎麼跟帆船連結起來的？」我好奇問他。海水濺起的浪花打在身上，清清涼涼的。

因為賣紅酒，黃安國認識一名美國人，這美國人玩帆船，姑且稱呼他John吧。某一年John返美半年後回到三亞，發現他的帆船不見了，透過黃安國幫忙找了回來。

「這是一起詐騙事件，細節挺複雜，總之這美國人就是被人坑了，又不會中文，所以找上我幫忙。」

這名美國人感謝黃安國幫忙找回帆船，跟他說帆船可以任他使用，從此開啟了他的帆船人生。黃安國開始買書自學，一頭鑽進帆船世界，他不像我只是跨欄斜槓身軀享受碧海藍天，

高年級實習生：馬里亞納海溝跳島記

從帆船組裝、操作、風向等等我聽得一頭霧水的相關原理和知識，他駕輕就熟，說得頭頭是道。

「你看那艘帆船，」黃安國指著不同顏色的另一艘帆船，「操帆的船長是我的徒弟，他跑來跟我學，學完就跳槽了。應該說是那家公司刻意安排來我這學的。」

「競爭對手派來的間諜？不生氣嗎？」我看著他。

黃安國臉上帶著笑一派雲淡風輕，「偷學就偷學唄，這海這麼大，旺季的時候，我一個人也忙不過來。能讓觀光客輕鬆悠閒地享受這片大海比較重要。」

依傍大海過日子，心胸似乎不知不覺間也跟著海闊天空，人生苦短，何必計較那麼多。在風裡浪間，想起我們那個年代陽帆唱的「揚帆」，隨口哼起「與我同遊大海，乘著長風，遊到天之外……」。

CHAPTER | 07

千帆過盡。

重造查莫洛海上飛船

古老的三角帆啊
查莫洛民族的普羅飛舟
棕櫚葉編織成你的翼
如風輕盈
穿梭驚濤波瀾之上
4000 年前
那個不可思議的年代
橫越了菲律賓海
航向馬里亞納海溝
尋找婆娑汪洋中的美麗之島
查莫洛的夢想天堂

很久很久以前，馬里亞納群島附近的海域其實處處可見帆船的身影，不像現在那麼地形單影隻。

西元1565年，西班牙航海探險家米格爾‧洛佩斯德‧萊加斯比（MiguelLópezde Legazpi）航行到馬里亞納群島時，在他的航海日誌上記錄著這麼一段文字，「我們在離島七海浬的海面上，有5、60艘三角帆船圍繞著我們的船。這些帆船的三角帆都是用棕櫚墊葉編織而成，如風般輕盈。沒有多久，我們周圍出現了更多的帆船，超過4、500艘。」被4、500艘帆船包圍的這一幕，看在當時探險家的眼中，只能用「怵目驚心」四個字形容。

在那個還沒有飛機的年代，帆船是當地原住民查莫洛人往來島與島之間的交通工具，民族考古學的研究中記載，古代查

莫洛人就擅長遠距離航海和造船技術，西元前2000年從東南亞遷徙到馬里亞納群島定居，後來和菲律賓東邊500多小島組成的加羅林群島有貿易往來，靠的就是Proa普羅三角帆，他們口中的海上飛帆。

　　16世紀中，西班牙人占領馬里亞納群島，開始殖民統治，一開始相安無事，直到17世紀末因為宗教信仰，西班牙人和原住民查莫洛人發生衝突，一場西查戰爭，讓查莫洛男人幾近滅絕，航海和造船技術也因此出現傳承斷層。後來被殖民的查莫洛人成了西班牙的奴工，為防止查莫洛人乘船離開馬里亞納群島，禁止他們使用普羅三角帆出海，最後乾脆全數銷毀。很可惜地，當時時速達到20-25海里的海上飛船，有可能是過去幾千來全世界速度最快的帆船，從此消失不見，之後400年來這片美麗的海域上，再也沒有查莫洛古老三角帆的蹤影。

「梳洗罷，獨倚望江樓。過盡千帆皆不是，斜暉脈脈水悠悠，腸斷白蘋洲。」這是唐朝詩人溫庭筠筆下柔腸縈繞在白蘋洲的思念，而500帆的圍船歷史和查莫洛人的三角帆文化，對於馬里亞納群島的居民來說，也是一種腸斷馬里亞納的思念。在機械化、現代化的今天，為了重現16世紀的海上帆船盛況，有人發願打造和當時一模一樣的帆船，成立了500帆（500 sails）組織，計畫在2030年建造500艘復刻帆船。

彼得・佩雷斯（Peter J. Perez）是500帆組織的發起人之一，在馬里亞納觀光局的安排下，我們和彼得・佩雷斯在期利利海灘附近碰了面，前來採訪的還有壹電視主播陳雅琳和她的節目團隊，兩艘漂亮的復刻Proa三角帆停放在沙灘上，我們很幸運有機會體驗重現江湖的查莫洛海上飛帆。

彼得告訴我，1742年一艘西班牙調查船在天寧島外海，意外發現一艘戰爭劫後餘生尚稱完整的查莫洛三角帆，船上的繪

圖員把三角帆繪製成圖流傳下來，他才有機會在 2008 年花了一年多的時間，用紅木復刻打造出第一艘 47 英尺的查莫洛三角飛船。自此之後，在政府相關單位的大力支持和民間組織以及私人的捐助下，他們開始展開大量建造查莫洛三角帆計畫，並且改用玻璃纖維替代木頭建造船體，這大大降低了製作帆船的成本和時間，而且防蟲防腐，可以世代相傳。

「等我們 2030 年打造出 500 艘三角帆船，不但重現和保存了查莫洛的帆船文化，到時候這片海域上的帆船活動，勢必會吸引更多的觀光客前來塞班旅遊，這樣也就促進了北馬里亞納群島的經濟發展。」彼得說得興致高昂。

500帆團隊為了讓島上查莫洛後裔的年輕孩子瞭解他們祖先當年在海上的榮光，聯絡了當地的體育協會和其他民間組織，大家出錢出力，開授免費的游泳、獨木舟和基本帆船操作相關課程，同時鼓勵並指導年輕人在500帆的船塢基地，以現代材料打造屬於自己的傳統海上飛船。「我們的目標是讓海上飛船Proa融入馬里亞納的日常生活，並讓大家可以擁有屬於自己的三角帆，最後重拾查莫洛古老飛船揚帆這片海域的盛況。」彼得說。

查莫洛三角帆和之前乘坐黃安國的Hobie Cat帆船結構上有很大的差異，型態上趨近獨木舟，然後有一個協助平衡的外伸支架連接船體，三角帆從獨木舟船體上升起，船上兩名年輕孩子，一人根據風向操控帆的角度，另一人則是手上拿著木製的槳，用來調節速度。

三角帆航行的速度出乎想像的快，怪不得查莫洛人稱它是海上飛船。我們跨坐在獨木舟的邊緣上，一隻腳可以直接接觸到清涼的海水，但無法像坐在Hobie Cat帆船上那般悠閒自在，一隻手緊握住中間桅桿，深怕一個浪來就會顛進海裡，不過這一趟海上漂行，不僅有速度感，也始料未及的平穩。

坐在復刻版的查莫洛三角帆船上，想像500艘這樣的船同時出現在這片海域上，那是何等壯觀的一個畫面。然而畫面的重現，不僅僅只是恢復歷史的記憶而已，其中更蘊含了查莫洛文化的傳承，和那個曾經屬於他們的榮光。

祝福，在500帆無私付出的努力中，彼得心裡念想的500艘查莫洛三角帆航行大海之上，這一天早日到來。

75

馬里亞納觀光局提供

我是 耶穌
你們的信仰
與守護

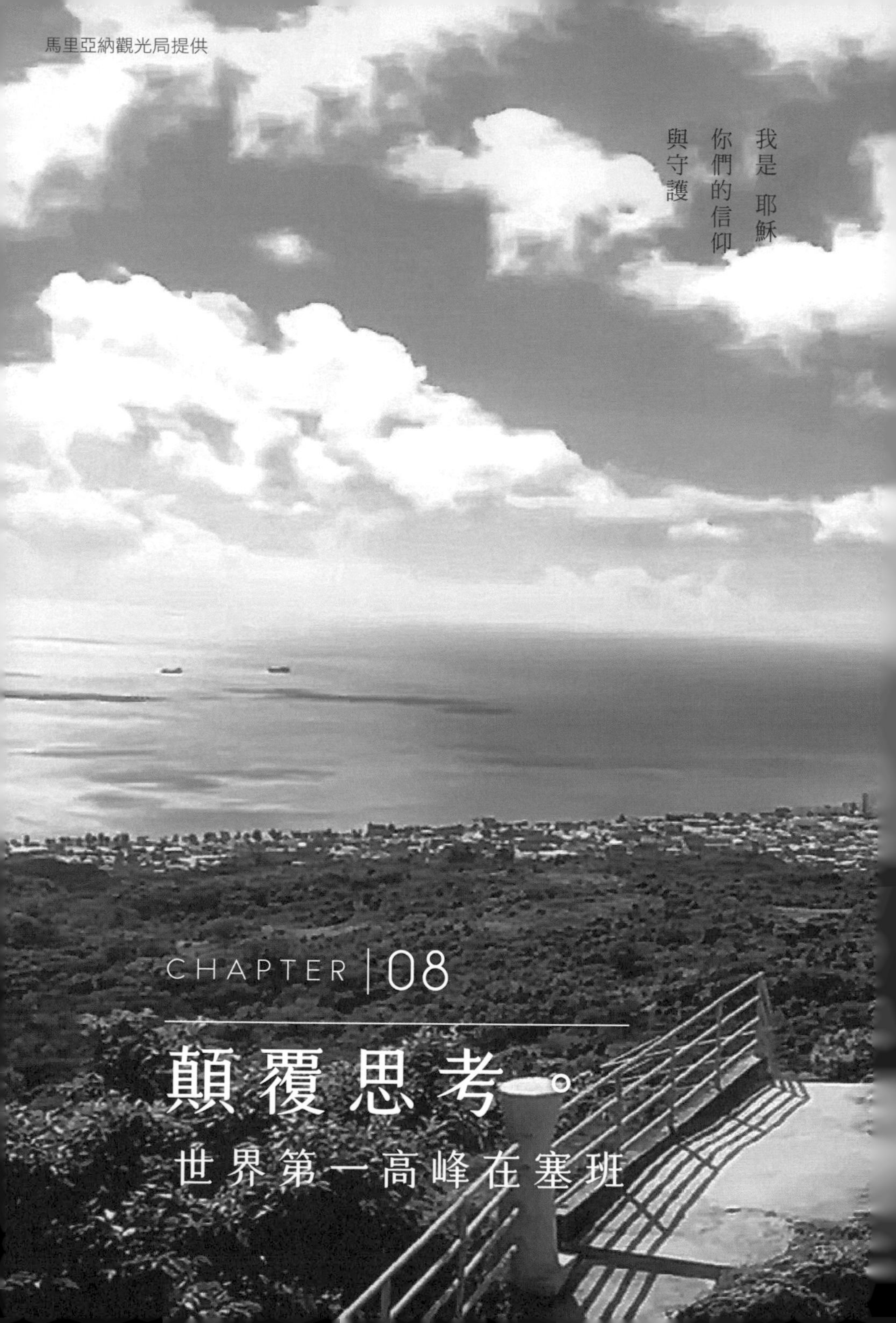

CHAPTER | 08

顛覆思考。

世界第一高峰在塞班

我鎮日佇立
踏破潮山的高台
看著物換星移
看著歲月遞嬗
看著朝陽落霞
看著皓月繁星
看著戰爭與和平
看著無情與有情
看著逝水如斯
時間不曾為誰停留
只有
我鎮日佇立這山的高台
保守這一方淨土

世界第一高峰，從小到大課本裡學的、耳朵裡聽的、電視上看的，說的都是喜馬拉雅山的聖母峰，中國大陸稱作珠穆朗瑪峰，高8,848公尺。但是如果有人跟你說，最高峰不是聖母峰，我猜你可能會斜眼看他，認為他腦袋秀逗了。

我來到這座度假勝地的夏日海島後，就一直聽到一種說法，地球上的第一高峰在北馬里亞納群島的塞班島，我莞爾一笑，只回「在哪？你在開玩笑吧！」第一時間我當然無法理解和相信，跟你一樣覺得對方在胡言亂語。

沒來到塞班之前，這種爭世界第一的資訊不會入腦上心，但就是因為應徵上馬里亞納實習生這個小小的因緣，翻轉了我50多年來的所學所見所聞這個地球上哪座山最高的認知，形成公說婆說都有理的另一道數字印象。

踏破潮山（Mount Tapochau），塞班島的最高點，高度474公尺，位於整座島的中心位置。474公尺怎麼會是地球上的最高峰？當地居民硬是把馬里亞納海溝11,034公尺的深度一併算了上來，踏破潮山就是從海溝最深之處拔出海面近500公尺，所以引以自豪全世界第一高峰就在他們居住的這座島上。

姑且不論誰是地球第一高峰，比起它的地理高度，踏破潮山在二戰期間具有一定的歷史地位，我覺得更吸引人。

塞班島戰役的1944年6月，美軍登島襲擊，打得日軍落花流水，死的死、逃的逃、跳崖的跳崖，不過有一支頑強的日軍軍隊在大場榮大尉的帶領下退守到踏破潮山，對美軍進行游擊

戰；大場榮藉山形地勢的掩護以及猝不及防的突襲戰術，幾度
粉碎美軍陸戰隊尋殲他們的企圖。就這樣大場榮帶著部隊在山
中奮抗美軍500多天，直到日本二戰投降三個多月後，大場榮
才在1945年12月1日走出踏破潮山向美軍投降。

　　75年前的這場戰火煙硝早已隨風，但是在踏破潮山的最高
點觀景平台上，框列著這段歷史的圖片和文字記載，當然，突
顯的是美軍拿下山頭的榮光，沒有大場榮的負隅頑抗。

　　那天譚海滔開著他的四輪驅動車載著我一路顛簸上山，如
果遊客有閒有錢，也可以租借UTV越野車在叢林山路中享受登

山樂趣。抵達最高點前，還有一段不短的階梯山路必須徒步攀行，山路兩旁的野草長得比人還高，但是踏上觀景平台後眼前豁然開朗，四顧環視，東望太平洋，西瞰菲律賓海，海闊天空，一種難以言喻的舒懷和視覺的放鬆，而整個塞班島就像踩踏在自己的腳下，頗有登踏破潮山而小塞班的磅礡氣勢。

遠遠地，塞班著名的七色海在陽光的照射下層次分明透亮，宛如琉璃溢彩，軍艦島就像一顆綠色珍珠浮在湛藍的海洋中。站在所謂的「世界之巔」，耳邊除了呼嘯的寥戾風聲，眼前世界彷彿停格靜止般，天地歲月靜好應該就是這種感覺。

上山之前曾聽塞班的朋友說，塞班島最魔炫的風景是日落

時的幻彩變化，而欣賞夕陽餘暉最棒的地點就是踏破潮山最高點的觀景台，特別是颱風前夕的滿天火燒雲，紅透半邊天，會讓人深陷無以倫比的美麗中無法自拔，光是想像那畫面就驚嘆不已，可惜這期間我上來踏破潮山兩次都是大白天，不過白天所見就已經讓我心滿意足，回味再三。

　　成群的遊客陸續登頂而來，屬於這裡的靜謐在喧囂的人聲中消失不見，慶幸這天我和譚海滔最先上來，享受了片刻「全球最高峰」的安寧。觀景台上豎立著一尊耶穌聖像居高臨下，雙手微揚凝視西邊的遠方，守護照看著整座塞班島，也為踏破潮山更增添了靈氣。

馬里亞納群島在16世紀先是被西班牙航海家發現，進而被西班牙統治長達300年之久，殖民期間宗教帶給塞班島深遠的影響，島上的天主教堂外觀上很明顯都是西班牙風格，至於踏破潮山的耶穌聖像是不是那個時期建立，沒人考究，不過應該八九不離十。

　　距離踏破潮山觀景台不遠的半山腰上有座聖母洞（Santa Lourdes Shrine），顧名思義，頂禮膜拜的當然是聖母，不過供奉的地點不是在像聖母院那樣的大教堂裡，而是山壁自然形成的洞穴之中，在西班牙殖民時期就盛傳聖母曾在這顯靈。

　　當地一直流傳著這樣的傳說，在西班牙殖民塞班時，島上沒有淡水的水源，各地鑿的井湧出來的都是鹹水，無法飲用。當時來塞班傳教的傳教士也協助尋找可能的淡水水源，可是依舊無功。某日一名傳教士夢到聖母顯靈告訴他，在現今聖母洞這個地方有淡水可用。他一覺醒來，依照聖母指示找到聖母洞所在地掘井，果然湧出來可以飲用的淡水。時至今日，塞班島上唯一可以直接飲用的淡水水源，還是就只有聖母洞鑿出的這口井，怪不得第一天剛到塞班時，潛店教練穎穎就提醒我，水龍頭流出的水不能拿來煮水喝，要煮熱水泡咖啡、泡麵，甚至炒菜、煮飯，得用廚台上的桶裝水。

　　聖母的聖蹟還不止於此。二戰塞班戰役期間烽火連天，在無情砲火的摧殘下，無處不是斷垣殘壁，只有聖母洞這裡像是得到聖母庇佑般，毫髮無損，完整無缺的保存下來，讓人嘖嘖稱奇。

　　驅車來到聖母洞附近，只覺得偏僻荒涼，若不是有家鐵皮

搭建的簡陋紀念品店開在那，這裡完全不如預期會是塞班島的一個景點，而且遊客屈指可數，三三兩兩。聖母洞前沒有什麼顯著的標誌，只有立著十字架的藍色拱門上掛著「歡迎光臨」的木板，而在入口處遠遠地就能看見一尊小小藍色的聖母石像立於山壁的凹洞之中，如如不動，一如戰火之中對此地的護佑。

聖母洞山壁上有棵巨大的榕樹森森幽幽、枝繁葉茂，兩側伸展長達數公尺，枝葉從山壁上垂拱而下，剛好形成為聖母遮陽避風擋雨的天然大傘，宛如神明出巡時的華蓋。聖母像圍籬前的確有口井，不過已經被封，井旁則有鐵製的汲水幫浦，打出來的水就是塞班唯一的淡水，淺嚐一口，大概平日喝慣了淡水，不覺有什麼特別，但是對那時候找不到淡水水源的當地居民來說，這口井湧出的就是如蜜甜美的甘露。

尋幽攬勝求得方寸間片刻的平靜，踏破潮山和聖母洞絕對是塞班島的不二之選。

CHAPTER 09

色的誘惑。

斑斕海島自駕逍遙遊

繽紛
斑斕
紅飛翠舞的塞班
一如鳳凰花開的顏色
夭夭灼灼
似火搖曳奔馳蔓延
成了一抹美麗的傳說
吐納青春
呼吸著整個夏天

馬智勇提供

　　塞班，在海藍色襯底背景中塗抹了豔麗色彩的一座海島，風情萬種，熱情帶勁，像西班牙舞孃，踢踏著佛朗明哥舞蹈，華麗、奔放、不羈。

　　我很幸運，因為浪潛水旅行潛水店老闆吳夏天的熱心幫忙，實習前的三個星期除了接待住宿外，連交通問題都一併安排解決，進出總是教練顆顆或智勝開著皮卡車（Pick Up）或 SUV 休旅車接送，抑或跟著他們的潛水團跑行程。塞班島雖然不大，但是來這旅遊沒車代步就跟斷了腿一樣，也因此對一般遊客來說，想要跑遍島上景點、看盡風光，租車是必不可少的旅行規劃。在塞班，只要持有台灣駕照就可租車，不需要換國際駕照，這倒省事，前往塞班島前不用跑監理所一趟。

　　這座四季如夏、色彩斑斕的海島，連路上的車子都是鮮豔繽紛，酷炫剪刀門式樣的野馬、大黃蜂敞篷車滿街跑，時不時大紅、粉紫、亮黃、粉綠和土耳其藍的顏色就從眼前刷過，把單調的水泥馬路妝點得好不熱鬧。這群爭奇鬥豔的野馬和大黃蜂，就像是海島旅行的基本配備一樣，就算比一般轎車貴一點，都讓人覺得值得體驗一下，開著鮮豔的野馬、大黃蜂敞篷車，在燠熱的空氣中享受海風的吹拂，環島拉風一路快意奔馳。

　　塞班的環島路線單純不複雜，沿著西岸海濱就是一條直直的海灘公路從南到北，沿路都是沙灘景點，而這條大道就是一種恣意和隨心，由著你開到哪停到哪玩到哪。所以不意外地，這條路線上海灘附近經常可以看到停放著野馬和大黃蜂，剪刀門打開，多半是東方面孔的比基尼辣妹在車旁、車上搔首弄姿

拍照，那線條非常賞心悅目，不管是車子，還是比基尼辣妹，在綠樹白沙碧海藍天的背景襯托下，豔麗的色彩和婀娜的身材，都是一幀幀美好難忘的記憶。

　　就是因為野馬和大黃蜂鮮豔的色彩和剪刀門的特殊外觀拍照起來效果太好，租借的遊客處處尋找襯托的背景留影。塞班島在西班牙統治時期建立外觀獨具的教堂，自然雀屏中選，但也因為絡繹不絕開著野馬和大黃蜂前來取景的遊客讓教堂不堪其擾，教堂外圍欄上竟然掛起嚴禁停車的警示牌，甚至原本以顏色外觀聞名的藍色教堂，為減少遊客開車前來拍照影響當地居民前來做禮拜，硬是把藍色抹去改漆成不顯眼的象牙白。

　　終年都是夏天的塞班島，色彩的出奇之處還不僅止於野馬和大黃蜂穿梭點綴的繽紛，塞班的導遊朋友小馬告訴我，這條海灘大道上沿路種植的鳳凰木，5到7月鳳凰花盛開紅豔似火，夭夭灼灼像火線一路蔓延，熱情奔放美到爆，「開車馳騁這片樹海繁花之下，深呼吸一口氣，你才知道什麼叫做夏天。」小馬這麼說。這是塞班島特有的季節風情，可惜我來不逢時，無

緣一窺這海島難得的美景，
留下懸念。

　　一路向北。開車來到
二戰遺留景點日軍最後司
令部和自殺崖後，彎彎繞
繞行經塞班島上豎立的
SAIPAN字母標誌，爬上去
拍照打卡後，不遠處就是
另一處色彩景點——藍洞
（GROTTO），塞班島的藍
色天堂。

　　位在東北角的藍洞是愛
好潛水者來到塞班島必訪不
能錯過的潛水和浮潛勝地，
這裡的石灰岩經過海水長時
間的侵蝕，崩塌形成一個近
50公尺的深洞大水池，洞底
有窄如漏斗的缺口和外面的海洋相連，陽光射入，不同的藍色
由裡而外、從深到淺漸層展開，大自然鬼斧神工的絕妙奇景，
就算不下水站在高處觀賞，色澤的美感都讓人驚嘆不已，潛入
水中身處透光藍中，彷如聖光臨在，無怪乎自由潛水者都喜歡
來此像人魚般悠游其中，留下身影作為一輩子的回憶。

　　藍洞，有種魔幻的美，讓人心動。我不是自由潛水者，無

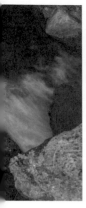

法體驗人魚般的暢快自在,帶著氧氣瓶一探水底藍的世界總可
以吧!不,這樣想是因為初來乍到,不知藍洞地形的險峻,你
得掂量自己50多歲的體力,是否能背著20公斤重的氧氣瓶,
上上下下來來回回總共200多階的陡梯。

第一次跟著顆顆和智勝教練帶領的台灣自潛團來到藍洞,
因為颱風剛過洞內水流湍急不開放潛水,一行人只能拾階而下

望洞興嘆，拍幾張藍洞當背景的照片，代表到此一遊，雖不「進」亦不遠矣。告別藍洞回頭爬完100多階上到入口平地，我竟然喘如老牛，心想潛完水背了氣瓶如何還能爬回地面？當下決定放棄藍洞水肺潛水的念頭。

第二次前往藍洞當是實習任務的行程，同時配合壹電視採訪團隊的拍攝，下海已不可免。我的選擇是，下海沒問題，但不潛入海底，只浮於海面，如此便不用背著氧氣瓶，只需攜帶輕便的浮潛用具。

為了更具臨場感，完全不會游泳不懂水性的主持人陳雅琳也決定下海來個浮潛初體驗。藍洞的下水點是塊佇立洞中的巨石，必須攀沿著石灰岩壁的繩纜，在藍洞專人算準驚濤拍岸的時間差，扶持遊客跨水登上巨石。當登上巨石時，湛藍的洞池水面上漂滿了浮潛客，就像水滾浮在水面的餃子隨波起伏。

陳雅琳卻步了，湍流拍岸激起的浪花讓她裹足不前，克服心理障礙登上巨石後，要她扶著面鏡從巨石上一躍而下到水裡，只見花容失色，恐懼感讓她再次卻步，一度想打退堂鼓，最後是在當地潛水公司教練的陪同下，驚嚇地從巨岩上跳進藍洞的海水中。陳雅琳為她的節目努力拼搏，克服對水的懼怕，完成了一項應該是她生命中的不可能任務，而我，也在躍入深邃飽滿的藍色中，完成此行的一項實習任務，體驗了藍洞的浮潛之樂。

CHAPTER 10

極盡奢華。

賭場皇宮鑲金又包銀

沒入暮色的宮殿

金碧輝煌的外衣

誘惑著

渴望的眼睛

那是一座小小的城

沒有國王皇后

沒有王子公主

只有騰空盤旋的龍

綴滿思華洛斯奇的水晶

奢華地

搖曳生姿

在 他的城

夜夜笙歌

進行著一場又一場

沸騰的

紙醉金迷遊戲

塞班島加拉班鬧區有一棟外觀鑲金包銀的白色建築物，天黑後在燈光的照明下金碧輝煌氣派十足，像童話故事裡住著王子公主的城堡，觀光客總是被這地標性的夜景吸引，駐足拿起手機、相機按下快門，在光影視覺滿足後，登上階梯信步走進有著門衛相迎的大廳。

　　這棟被當地人稱為皇宮的建築，是台灣女星吳佩慈未婚夫紀曉波在塞班投資數十億美金打造號稱七星級的博華太平洋賭場酒店。我在2019年11月底前往馬里亞納群島之前，吳佩慈和紀曉波的名字在台灣媒體版面鬧騰了一陣子，傳出紀曉波在塞班島的賭場經營不善，不僅積欠了相當台幣250億的債務，還遣散了台灣去的200名建築工人，新聞風風火火連載了幾天。不過進到這座賭場皇宮，卻感受不到這消息帶來的表面影響，遊客照來人照賭，荷官買定離手和機器拉吧的聲音依舊清晰可聞。

　　挑高的皇宮大廳首先映入眼簾的是懸著的兩尾金光閃爍搶珠巨龍，視覺相當震撼，在博華皇宮接待行政人員解說下，才

知道這兩尾光彩熠熠的金龍藏著玄機，身上總共鑲有250萬顆思華洛斯奇的水晶，造價將近台幣兩億元，加上運送安裝等施工費用，總花費相當於三億新台幣，光是兩尾裝飾金龍的奢華程度就讓人瞠目結舌，感覺不輸古代帝王皇宮。

　　賭場和大廳隔著一道玻璃牆，從外一眼就能看穿內部賭檯圍賭的情況，但是嚴禁朝向賭場拍照，進入賭場也得查驗年齡才放行，管控非常嚴格。初來乍到的第二個晚上，借宿的浪潛水旅行潛店兩位年輕教練就帶著我和台灣來的自潛團朋友參觀賭場，當然怡情小賭試了試手氣。賭場憑護照辦貴賓卡就送面值10美元的賭券，不能換現，但是百家樂押注時得另押10元籌碼才能使用贈送的賭券，知道自己向來沒賭運，也沒賭性，押錯寶後立馬收手。

原以為賭場裡高朋滿座，進到現場才發現一半的賭檯都空蕩蕩，賭客只集中在大廳視野所及的前面幾檯。有一次機緣巧合下和一名曾在這裡工作的財務高級主管在博華皇宮的金龍閣餐廳吃飯，私下問他賭場經營的情況，他說紀曉波2014年拿到塞班島唯一一張博奕執照，2015年他砸下30多億美金蓋這棟博華皇宮的同時，另外租了場地先經營起賭場，一直到2016年皇宮賭場主建築蓋好、開幕。賭場經營一開始非常風光，賭資進出不可計數，開幕第一年營業收入就達10億美元，那時候賭場的確門庭若市。他透露，龐大的收入靠得並不是一般庶民賭客和遊客，紀曉波把他在澳門賭場的VIP人脈邀來了塞班，VIP室裡的賭資進出都是億來億去。這位朋友告訴我，中國大陸一名生產手機的集團老董就在這裡輸了好幾億美金，最後傾家蕩產，公司易主換人。

　　「當時這麼風光，怎麼今天賭場裡感覺人氣散盡？」我好奇問他。

　　「人潮退散，唉，不說了不說了，來，喝酒吃菜，金龍閣的菜色真的在塞班數一數二。」這位博華皇宮前員工「不說了」的難言之隱，或多或少點出賭場經營這兩年的確出了狀況。

　　聊天中，桌上早已堆滿了菜餚，北京烤鴨、糖醋鍋包肉、宮保雞丁、蒜子燒肥腸、油燜大蝦、水煮魚、醬牛肉、地三鮮、炒時蔬、牛肉炒飯、老北京蔥肉大包和豬肉水餃、雞湯，道地中國北方菜夾雜著川菜，口味到位，吃得飽足。聽Charlie、顆顆和智

勝都說過，塞班島沒有什麼宵夜餐廳，除了海邊一家麥當勞24小時營業外，另一個可以吃宵夜的地方就是賭場的金龍閣。

　　由於壹電視新聞節目團隊前來採訪，安排之下有機會參觀博華皇宮裝潢接近尾聲還沒開放的VIP住房。賭場裡的VIP房間不是一般賭客能夠住得進來的，帶我們參觀的工作人員私下表示，能住進來的都是一晚賭資百萬、千萬以上的VIP。

　　通往VIP房間的大廳寬敞高挑氣派，裝潢美輪美奐，水晶吊燈和魚形水晶簾幕肯定又是所費不貲。等到我們一行人魚貫進入已經完工的VIP房間，更是對房間的豪奢裝潢和配置驚呼不已，各自有著豪華衛浴的主臥和客房、寬敞的客廳以及獨立的按摩室。VIP房間的面積200平方米，約莫60坪，還不包括戶外獨立游泳池和露台。另外還有一間尚未裝潢完工的總統套房，面積更是將近200坪那麼大，可以想見裝潢完畢會是何等

的豪奢氣派，而且有暗門通道可以直達專屬的賭室。不過，我無法理解得是，到此豪賭肯定都是通宵達旦，來這揮金如土的VIP們用得到或用得上這麼大的空間和設備嗎？除了派頭，沒得解釋。

　　VIP房間內裝潢水晶吊燈、18K金壁飾，沙發茶几餐桌椅都是名牌高檔貨，光一張床墊要價美金2萬元，換算台幣60萬，試躺了一下，覺得軟硬舒適度好像也沒比一張台幣2萬元的床墊強到哪裡，或許我就是一窮酸人，沒那樣的富貴命，感受不出差異。更誇張的是，進到浴室看見牙刷、刮鬍刀、垃圾桶全都鍍上18K金，直教人搖頭咋舌，這種豪奢程度豈是我們這些尋常小老百姓消受得起？

　　參觀結束前，陳雅琳開玩笑問我，「高年級實習生你什麼時候可以入住這裡？」我不是富豪，就算變成富豪，我也不會把錢砸在這深不見底的錢坑裡。「下輩子吧！」這輩子想都別想，也想都不想。

✦ 後記：

　　在我回到台灣隔年（2020），博華太平洋賭場因為新冠疫情，在3月關閉，後因經營陷入困境，賭牌執照遭到吊銷，2021年底賭場設備開始拍賣。塞班島唯一大型皇宮建築般的賭場從此走入歷史，繁華落盡，轉眼成空，是否有重啟的一天，仍是未知，而我因緣際會，看了它最後一眼。

CHAPTER 11

夜市飄香。

舌尖上的查莫洛美食

戰鼓雷雷

那就跳舞吧

梓放查莫洛勇士的雄渾

在漆黑的夜裡

隨著梭草編織的戰衣

翻舞飛揚

鼓聲不歇

我們就一直這麼跳著

讓古老查莫洛的靈魂

隨著音符跳躍的戰曲

翻舞飛揚

　　過聖誕節，不見得一定大雪紛飛，但是聖誕節屬於冬天，概念裡應該沒人反對，可是如果有人告訴你，他在夏天過聖誕節，而且過的是美國人的聖誕節，也無須大驚小怪，我這位高年級實習生就真的遇到了。

　　12月的塞班島，即便已經入夜，依舊感覺燠熱，街上川流的遊客多半是短褲短袖或背心裝束。這座美國屬地的海島在12月的第一天，也跟著進入了慶祝聖誕節的氣氛中，加拉班鬧區的一條徒步街舉辦了聖誕樹點燈儀式，學校和廠商各自裝飾形形色色的聖誕樹一字陳列排開，夜色中聖誕燈交織閃爍，替這座海島增添了歡樂熱鬧的喜氣。街上一棵路樹正綻放著白色的雞蛋花，和聖誕樹輝映成趣，從未想過12月迎來的是夏天的聖誕節，風吹來，迎面的暑氣伴隨著淡淡的雞蛋花香。

　　而在步行街另一頭，則是飄散著濃濃的烤肉香，聖誕樹點燈的這個晚上，人潮最終都是湧向小吃攤，攤子上賣的是查莫洛食物，椰汁糯米甜飯、炒飯、蔬菜煎餅、火腿飯團，和鋪排在鐵盤子上的一排排豬肉雞肉烤肉串，攤子後方的烤肉架上煙霧瀰漫，就是這些煙霧傳散的肉香把人勾引了過來。

　　如果問我攤子上的查莫洛食物好吃嗎？我實在說不上來有什麼特別吸引我的味道，加上不是烤肉控，聞起來香歸香，我也就是擠在人群中，當個好奇的過客，探個頭湊湊熱鬧，看看煙隨風舞的繚繞，聽聽油滴碳紅的滋響，完全沒有吃上一口的慾望；也或許在金龍閣吃完烤鴨過來，飽足得不再有任何食慾。

　　如果問我查莫洛食物的代表是什麼？我一定回答你是烤肉。烤肉幾乎就是查莫洛人的日常，無時無刻無處不在，餐廳、小店裡賣烤肉，居家請客有烤肉，海邊涼亭聚會吃烤肉，就更別提戶外活動場合和夜市處處可見的烤肉攤了。

塞班島每週四才有的查莫洛夜市，在這裡可以品嚐到傳統的查莫洛美食，當然各式烤物是夜市的主力，除了牛豬雞外，還有烤海鮮，不過夜市大排長龍的還是集中在烤肉攤前。

　　除了烤肉外，大家推薦夜市必吃的查莫洛傳統美食是Apiqiqi，一種用香蕉葉包裹的糯米條甜食，烤過趁熱吃，透著椰漿的香氣，口感有點像粽子，份量不大，不會撐肚子。查莫洛應該是甜食民族，Apiqiqi外，攤子上還賣著其他糯米甜糕，曾經在曼谷夜市也吃過類似的甜點小吃，查莫洛祖先從東南亞乘

著三角帆來到馬里亞納群島定居，這些甜食文化似乎也是印證。

　　夜市的位置在海灘路上克里斯托萊羅馬天主教堂（Kristo Rai Church）對面的廣場，後方就是菲律賓海，走在夜市充分感受到海洋的氣息和時不時傳來的海浪拍岸聲，很特別的夜市體驗。這裡夜市攤位規模跟台灣夜市儘管沒得比，但至少不用摩肩接踵人擠人，可以輕鬆悠然地享受當地的夜市文化。

　　查莫洛夜市跟一般我們認知的夜市不同之處，在於它不只是一個在地食文化的呈現，食物攤位外的廣場中間空地自然形

成一個表演舞台，年輕的孩子隨著音樂表演現代舞蹈和傳統草裙舞、戰舞，笑容、自信和肢體的律動傳遞著查莫洛民族對生命的熱情。查莫洛是一個愛跳舞的民族，舞蹈中演繹著自己文化的傳承，就像台灣原住民的舞蹈一樣，舞動著既神秘又別樹一幟的大地韻律。他們愛跳舞，不分男女老少，在山巔、在海濱、在夜市、在每一個可以跳舞的所在，跳著屬於自己文化的律動，自然又真切。

這一個夜晚，嘴裡吃著查莫洛的美食，眼裡看著查莫洛的舞蹈，耳中聽著查莫洛的音樂，心領神會，融入在異國風情的文化裡。

查莫洛還有一道傳統食物值得一提，這是去拜訪2019年選出的馬里亞納小姐夏儂（Shannon Tudela Sasamoto）時，她親手料理非常查莫洛的家常食物Kelaguen讓我們品嚐。Kelaguen的作法其實很簡單，就是用檸檬汁醃製新鮮的雞肉、蝦肉或是生牛肉片，然後拌上切丁的洋蔥和辣椒，

高年級實習生：馬里亞納海溝跳島記

克里斯托萊羅馬天主教堂

加上鹽調味就完成了，最後搭配烤餅或用玉米餅包起來吃。夏儂
做的是雞肉Kelaguen，看起來像是雞肉沙拉，泰式料理般的酸辣
口感，正式餐點前的開胃菜，很適合夏日海島的氣候和溫度。

　　觀光遊客來到塞班如果想品嚐查莫洛傳統食物，除了
Salty's Grill & Cafe餐廳可以大快朵頤外，南部機場附近有兩家
必吃的查莫洛食物，只有在地人知道。其中一家是鐵皮屋搭建
的烤肉店Matty's BBQ，店名海報雖然張貼牆上，但是不很顯
眼，門口放了幾張長條椅，外觀看起來就是一般的民房，開車

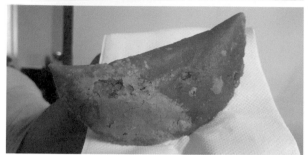

經過很容易被忽略。Matty's BBQ店外看不到美食必吃的大排長龍，可奇怪的是，來晚了店家打烊關門，想吃也買不到，帶我去吃的潛水教練顆顆說不曉得為什麼經常下午三點過去烤肉串就賣完了，我猜跟查莫洛人的生活態度有關，知足常樂，生活重於工作賺錢。

　　Matty's BBQ賣的就是塗了燒烤醬的牛豬雞烤肉串，每串一美元的平民價格，肉烤的軟嫩，自製烤肉醬的味道也不錯，不過我就是跟著過來嚐鮮一下教練口中的必吃滋味，體驗一般觀光客不知道的在地美食。

　　其實，Matty's BBQ比較吸引我的是它窗檯口一罐罐塑膠容器裝的醃製物，尤其是一顆顆橘色的蛋，我問正在烤肉的阿嬸那是什麼，她說是pickled egg，就是用醃漬酸黃瓜的水醃漬的

蛋，好奇跟她買了兩個，吃一口，的確是酸黃瓜的味道，很奇特的口感，不過相較之下，我還是喜歡有著濃濃茶香的茶葉蛋。

　　機場附近另一家必吃的是查莫洛早餐店，橘色外牆上標示著 Galaxy II，乍看還以為來到三星手機店，細看下方寫著 Snack Bar。店面不大，櫃臺上陳列各式早點，查莫洛火腿飯糰、春捲、三明治、麻花捲、油炸包、和裹著香蕉餡的三角油炸餅。不過這家最有名的是它的甜甜圈，限量而且檯面上看不到，得指名購買老闆娘才會從裡面廚房拿出來。甜甜圈油炸的火候恰到好處，咬一口軟實綿密有彈性，不甜不膩不油，吃完讓人有想再吃一個的慾望。

　　查莫洛還有一道傳統美食，椰子蟹料理，先在這賣個關子，留待之後我去了羅塔島，再行分享箇中滋味。

111

夏天的聖誕節
裝飾的海島風情
踩著音樂的節奏
跟著喜慶遊走
從這一頭
到另一頭
滿是歡樂的況味
這樣的夜
熱鬧的街
還 飄散著
來自家鄉
懷念的牛肉麵香味

CHAPTER | 12

牛肉麵館。
謝錦山異國奮鬥故事

進入聖誕月，塞班島舉辦了一場聖誕遊行，由當地居民、學校和公家單位自製遊行花車，敲鑼打鼓，好不熱鬧，雖然花車簡陋了點，過節慶祝的意思到了，海灘路沿途聚集了民眾和遊客佇足觀看，熱情捧場。我則是馬里亞納觀光局交代記錄拍照錄影，一路跟行，從查莫洛夜市廣場走到美國紀念公園（American Memorial Park），遊行路線全長2公里。

　　遊行結束，興致依舊延續熱鬧遊行的節奏，我在大街上閒晃，東看看西瞧瞧，此刻的加拉班市區燈火通明，看遊行的人潮逐漸散去，沿路的餐廳開始做起了生意。信步經過一家招牌上寫著台灣牛肉麵的餐館，眼睛為之一亮。剛到塞班時，聽譚

高年級實習生：馬里亞納海溝跳島記

海滔提起過有台灣人來島上開牛肉麵店，既然巧遇，擇日不如撞日，乾脆進去嚐嚐海島的台灣牛肉麵是啥滋味，道不道地。

　　若要誠實地說，塞班島這家牛肉麵店的牛肉麵自然無法和台灣的牛肉麵相提並論，不過牛肉和湯頭我覺得也還能接受，不至於食不下嚥，而且對於身在異鄉為異客的台灣人來說，能吃到這樣一碗牛肉麵，也是一種異域懷鄉的滿足。

　　這一晚台灣牛肉麵店的老闆也在，膚色黝黑，一眼就能看出他是台灣人，扯著南部腔調的嗓門，作派給人阿莎力的感覺。餐館中間長桌擺滿了滷味、鹽酥雞、水餃和中式家常菜，他請了都是華人面孔的朋友在餐廳喝酒聊天，台灣腔大陸腔夾雜，勸酒聲此起彼落。

　　台灣牛肉麵餐館老闆叫謝錦山，跟他打招呼表明自己從台灣過來，他熱情地招呼我加入他們的餐聚，原本只是品嚐牛肉麵的味道，結果蹭吃了一桌的菜，而且最後連牛肉麵的錢都免了。

　　「你怎麼會想到來塞班開牛肉麵餐館？」我問他。

　　「我來塞班一開始不是來賣牛肉麵的，這故事說來話長，今晚大夥一起喝酒聊天，不談往事。」

　　謝錦山無意在餐聚時說他的故事，或許考慮這一桌的其他人對他和塞班的情緣早已耳熟能詳，不過坐在他身邊的兒子謝馨德冒出來的話，挑動了我的好奇心。

「我爸以前是台灣拳擊國手，只是算命的說，他是一隻千里馬，不會被綁在台灣這棵大樹上，會在國外開花結果。」

「拳擊國手跑來塞班島開牛肉麵店，這可有意思了。謝老闆，我覺得你是個有故事的人，想跟您聊聊，今晚不方便，明天約個時間如何？」

「我哪有什麼故事，」謝老闆挑著眉看著我，「明天下午過來店裡好了，現在就吃菜喝酒。」

謝錦山，台灣北體畢業，雖然個頭不大，40多年前在台灣拳擊、國術界卻是小有名氣，曾經是拳擊和國術國手，在全國中上運動會拿過拳擊冠軍，還有兩屆亞洲盃的國術冠軍，另外也長於搏擊、散打和角力。武術出身的他，現在卻在馬里亞納一海島賣牛肉麵，如此的連結讓人匪夷所思。

「我聽說，你不吃牛肉？」

「不吃。」

117

「不吃牛肉的人賣牛肉麵，做出來的牛肉麵會好吃嗎？」

「你覺得牛肉麵不好吃嗎？」

「味道還可以，不算差。」

「那就好。開這家牛肉麵店，我得從頭說起，故事可長了。」

謝錦山當完兵在台灣道館教學生國術、拳擊，後來美國的朋友找他去洛杉磯武館教越青打拳，也認識了一些當地道上的朋友。之後洛杉磯武館朋友接受資助開的酒吧出問題，朋友落跑，他受牽連被抓進警局，又因證據不足無罪開釋，從此離開美國跑到越南跟著朋友做起成衣生意。

「你相信算命說的，國外奔跑的命？」我想起他兒子昨晚說的算命事。

「姑且聽聽就好，但因緣際會就是有人找我在國外轉來轉去。」

「你海外朋友真多！」我不知道找上他的朋友是否都是看上他的拳腳功夫，可以當門神。

越南待了三年也沒搞出什麼名堂，又有一位朋友找他去塞班幫兄長打理禮品店的生意。謝錦山自我調侃地說，「找我幫忙打架鎮場面的啦！朋友哥哥當初剛到塞班，海關找麻煩，價錢亂報，我來了，他們就不敢了。」友人的哥哥，也就是他在塞班的老闆，和一個美國人合夥做水上摩托車生意，財產被侵占，也是他出面「出力」解決討回資產。

謝錦山的塞班老闆有次無意間訕笑他只會打架、喝酒、談笑，不是經理人、生意人的料，深覺被羞辱和不服輸的個性，

讓他決定自己出來做給看不起他的老闆看。家人合資，從台灣進貨櫃過來，就這樣他在塞班開了禮品店做起生意。正如他老闆所言，謝錦山完全是生意門外漢，他無法理解為什麼前一家禮品店可以賺錢，自己的禮品店卻慘賠？午夜夢迴，經常嚇到驚醒。這一跤跌得不輕，連一起來塞班打拼的妻子最後都受不了棄他而去，兩人離了婚。

　　謝錦山不服輸的個性害了他但也幫了他，既然頭洗下去就

洗到底。他向關島做禮品生意的朋友請益,重新學起,從失敗中找問題,從挫折中累積經驗,終於讓他的生意有了起色,步上軌道,他笑說,開竅了以後,光是在塞班賣盆栽用的盆子,就讓他大賺了好幾年。從此之後,他從一個只會打拳的人,一躍成了一名懂得打理生意的經理人。

禮品市場在塞班走下坡後,謝錦山又經營起成衣廠、製水廠和農場。原本來塞班只打算停留三個月的他,沒想到「不服輸」三個字讓他一待就是33年,塞班變成他台灣以外的第二個故鄉,再婚又生子。

「你的人生變化很大,從武術國手教人打拳、幫老闆鎮店到經營禮品店、成衣廠、製水廠、農場,怎麼又開起了牛肉麵餐館呢?」

「賣牛肉麵也是做生意,不是嗎?它來找我,就做啦!」

一名在塞班娶了中國大陸老婆的台灣人老彭找謝錦山合夥開牛肉麵店,老彭說他們會做牛肉麵出人力,謝錦山有店面出場地和資金,賺的錢對半分。都是台灣人,人不親土親,河不親水親,雙方一拍即合,就這樣不吃牛肉的謝老闆和不懂台灣牛肉麵的大陸師傅,六年前在塞班開了第一家也是唯一一家台灣牛肉麵館,當地的台灣人剛開始吃的時候評價不是很好,肉柴麵料也不對,經過不斷在口味上的摸索和改良,終於有了正港台灣牛肉麵的七分樣。

「老彭後來害了我，他出獄後沒臉見我，我把牛肉麵店收回來自己經營。」

謝錦山突然冒出這一句，故事還沒完。他說老彭跟他合夥同時，私底下在搞引進大陸孕婦到塞班生孩子拿美國綠卡的非法勾當，而且跟他承租農場的房子當民宿。東窗事發老彭被拘禁入獄，他誣陷謝錦山也有份，謝錦山也因此遭到當地政府調查，事業和生活大受影響，所幸最後還了他清白。

「聽你的故事，覺得多彩也多舛，好奇你怎麼看待這一路遇到的麻煩、風波和挫折？」

「That's life.」謝錦山用英文回答我。人生就是這樣，他說得雲淡風輕，口氣中沒有一絲情緒。

121

CHAPTER 13

食 指 大 動 。

塞 班 必 吃 的 異 國 料 理

去旅行吧
帶著味蕾的想望
讓舌尖的記憶擴張
北京烤鴨
泰國酸辣蝦
義大利披薩
美式豬肋扒
查莫洛雞肉沙拉
四海八荒
酸甜苦辣
遺留在
夏日海島的馬里亞納

雖愛吃，自認不是美食家，不敢擅自評論塞班美食，以免貽笑大方。不過到任何一地旅遊，三餐去哪吃？吃什麼？好不好吃？沒人會否認這是旅遊行程中重要的一環。

　　塞班島的餐廳不像觀光大城市那麼多，但是大大小小的餐廳也有100多家，來這旅遊可以選擇的中式、亞洲、美式、歐式的美食，足以填飽滿足遊客的胃囊和味蕾。除了之前提及博華皇宮賭場裡金龍閣的大陸北方料理、台灣牛肉麵館的牛肉麵，以及查莫洛燒烤等傳統食物外，來到塞班有幾家特色餐廳值得一吃。

　　如果喜歡泰國菜的酸辣口感，在美國紀念公園對面的 Spicy Thai Noodle Place 餐廳，絕對不會讓你失望而返，口味非常道地。我在馬里亞納停留將近一個月期間，Spicy Thai Noodle Place 就造訪了三次，很想效法孤獨的美食家，細細品味美食的同時，還能領略人生不同的意涵，不過，三次都是呼

朋引伴、成群結黨，一個人哪能盡嚐，每一道菜都不願錯過。

這家餐廳的泰國菜或許在色香味的「色」上沒那麼講究，盤盤端上桌，都貌不驚人，就是一般家常菜的樣子；但是等你動筷入口的那一刻，不管吃的是涼拌木瓜絲、泰式炒河粉、打拋豬肉、泰式炸魚、綠咖哩雞、牛、炒空心菜、泰式春捲，還是泰式酸辣蝦湯，會發現泰國菜酸辣甜鹹的特色都做的都很到位，加上泰式料理特有的香茅和椰汁氣味，說它正宗絕不為過，何況老闆就是泰國人。

工作久居此地的潛店兩位教練大力推薦Spicy Thai Noodle Place的牛肉和海鮮炒飯，而我卻對這家餐廳的生蝦料理情有獨鍾。生蝦新鮮肉質結實，雖是沙西米，配的卻不是哇沙米，而是新鮮切碎紅辣椒搭著泰式特製甜酸醬，辣椒我猜是天寧島特產辣死人不償命的小辣椒，碎辣椒看起來只有一點點，但是一口咬下去，辣的夠味，辣的帶勁，辣的讓人頭皮直冒汗，排毒效果應該十足十。夠辣，而且辣到頂，對愛好這一味的人來說，一人分配一隻真的不過癮，通常都會再點第二盤。

大街上的Spicy Thai Noodle Place招牌高懸，入內一片綠草庭園，初來用餐，心想餐廳必定裝飾著傳統泰國風情的金碧輝煌，萬萬沒想到推門進入後，看到的竟是傳統餐館般的簡單陳設，過道上陳列架放著泰國小物和零食販售，像是來到小雜貨店。沒有特意的裝潢，就像它的菜色一樣不講究，但是等吃到上來的菜，就會發現簡單中更加凸顯了這家餐廳的泰國菜手藝，讓人願意再來吃上一次。

如果想吃氣氛和感覺，有兩家西式餐廳不妨試試，不是說
餐廳的食物不怎麼樣，而是餐廳的氛圍有時候會讓人忽略了食
物的滋味。

其中之一，Revolving Restaurant 360旋轉餐廳，被知名旅遊
評論網Tripadvisor評比為塞班第一名的餐廳，它的最大賣點就
是讓人邊吃牛排、海鮮、披薩和甜點、或是吧檯上邊喝杯紅酒、

威士忌或啤酒、然後邊欣賞塞班的海線和山線風光，360度緩緩旋轉，沒一個塞班角落會落掉，尤其落日餘暉灑在海面上，所有的心思都被窗外變換的顏色和風景牽引了去。帶著視覺享受的心情酒足飯飽後，如果還想來一杯咖啡，建議可以到一樓露天咖啡座喝喝台荷混血帥哥餐廳小老闆Jasper的親手特調，滿足香醇濃郁的味覺外，小老闆的俊美五官和粗獷挺拔的外表也是一種視覺享受。

　　另一家吃氣氛吃味道的餐廳是硬石搖滾主題餐廳（Hard Rock Cafe），外牆上掛著的一把巨大吉他，一直以來都是這家餐廳的醒目標幟。硬石的一樓連通塞班免稅商店（DFS），販售

著硬石的紀念品和服飾，拾階而上復古設計的樓梯上到二樓，首先映入眼簾的是一輛酒紅色古董老爺車懸空在吧檯的正上方，餐廳的設計是一種搖滾文化的低調奢華，環狀的牆上掛滿搖滾樂各個時期的金唱片、知名搖滾歌手從貓王到披頭四、麥可傑克遜的照片、他們的搖滾服飾以及搖滾音樂人遺留下來的吉他。昏黃的燈光下，佇立牆前閱覽這些當代搖滾巨星和音樂人的遺跡和故事，這個屬於我這代人的記憶，光看就已心滿意足。

　　硬石餐廳賣的就是典型的美國食物，牛排、豬肋排、大漢堡、三明治、炸薯條、炸洋蔥圈、烤起士馬鈴薯和沙拉，份量不小，飽足你的胃絕對沒問題，不過我個人喜歡硬石餐廳牆上的搖滾文化遠甚於桌上的食物。

　　另外，在塞班免稅商店正後方第四條街道上，有一棟鮮豔鵝黃的建築特別顯眼，這是一家日本人複合式經營的店Himawari，中文的意思是葵花，二、三樓是葵花旅館，一樓則是葵花日本料理餐廳和葵花日本超市。不少人推薦葵花餐廳的日本料理，我停留期間一直沒去吃過，因為餐廳隔壁葵花超市販賣的親民價格日式便當，就足以讓人食指大動、讚不絕口。

　　超市裡不只賣道地的日式便當，同時便當區也販賣生魚片、海鮮丼飯、壽司、唐揚炸雞、涼麵、各種日式小菜和各式熱湯，這些其實都是由葵花餐廳當日現做提供給超市。所以，買個日本便當，搭配生魚片和日式小菜，再買碗熱騰騰的豬肉味噌湯，10元美金就可以吃到豐盛的日本好料，比去葵花餐廳用餐至少省一半的花費，CP值高，而且同樣是一種口腹之慾上的小確幸。定居塞班的朋友還告訴我，來到葵花超市看到藍莓奶油起士麵包，一定要買一個來吃吃，滋味無窮，限時限量而且只有葵花超市才有賣。

愛上塞班。

他 們 的 文 創 異 想 世 界

不是詩仙

寫不出

蘭陵美酒鬱金香

玉碗盛來琥珀光

只沉醉

塞班啤酒的沁涼

薑汁酒的清爽

橘皮調味威士忌淡淡的苦香

從酒師的手藝

找到流連的理由

塞班島加拉班市區離美國紀念公園不遠的街道上，新開了一家具有文青風格的手作文創館，Marianas Creations，沒有特別裝飾的門面內，覆育著一對年輕夫妻傑（Jay Wolfe）和艾琳娜（Elina Gharti Chhetri）對塞班島當地藝術創作充滿期待的未來。

　　走進 Marianas Creations 文創館，實在無法和不起眼的門面做聯結，別有洞天，映入眼簾的創作氣息十足。室內是開放空間，簡單分作三個區塊，手作藝術品陳列區、吧檯區和用餐區，一個兼顧現實和理想的複合式概念。前去參觀那天，文創館正好在做慶生派對的準備，大人帶著孩子陸續前來，開放的空間突然因為寒暄熱鬧了起來，這和印象中手作文創館該有的欣賞氛圍著實不同。

　　手作藝術陳列區的作品中，以特殊材料裝飾的瓶瓶罐罐特別吸引人，普通的瓶罐經過圖案雕飾的包裝後，不管是色澤還是手作的呈現，賦予了平凡之物新的藝術生命。老闆傑告訴我，這些瓶罐的藝術創作都出自妻子艾琳娜的巧思和巧手，因為生活在這海島之上，海洋元素主要成了艾琳娜創作的素材，各式各樣瓶瓶罐罐上雕刻型塑的海洋生命，可以說是她有計劃的創作系列。

　　來自美國的傑和來自尼泊爾的艾琳娜在塞班定居已有五年，他們夫妻倆把這裡當作自己的第二故鄉，一直思考在謀生的同時，是否也能為這座海島做點什麼，三個月前，開始經營了這家手作文創館。

　　他們成立這家文創館是希望拋磚引玉讓塞班的藝術家能把他們的作品帶來這裡，他們相信屬於馬里亞納的手作藝術很有價值，必須讓當地藝術在這裡生根、匯集，然後透過觀光把這些產品介紹到國際間，讓更多人欣賞到馬里亞納海島獨有的藝術，並且希望將這些產品帶進更大的市場中；這就是他們經營這家文創店的用意和目的。

　　「店裡現在你看到每樣東西，不管是牆上的畫、桌上陳列的雕刻品、裝飾的瓶罐、首飾等等，都是我們自己用手做的，我們一心要打造一個手作藝術這樣的空間。」傑一邊忙著晚上的派對準備，一邊回答我的問題。

　　說得興起，站在吧檯後方的傑指著吧台、吧檯座椅、陳列台、餐桌椅，告訴圍在吧檯喝著他調酒的我們一行人，「這些全都是我和艾琳娜親手親力做成，就連廁所的門也是，而且材料是廢物利用，撿自颱風襲島後吹毀房舍遺落的鐵片和木頭。」看著他們夫妻倆心血打造的這個空間，各自成趣，還真是名符其實的手作文創館。

　　「馬里亞納群島任何生產商在島上製造的本土特色產品，我們也願意敞開大門為他們提供空間。」艾琳娜一旁補充說。

　　不只當地手作藝術，這對以馬里亞納居民自居的年輕夫妻，

只要是百分百的馬里亞納製造，他們都樂於分享和推廣，包括館裡提供的餐飲。他們在食物中使用當地種植的食材和農場飼養的肉類，像是鵪鶉和蔬菜，甚至調味的醬汁都是使用當地種植的番茄和辣椒製成。

「我們的目標是提供100％的本地餐，菜單隨季節變化，用當令的食材做成料理讓大家品嚐。」艾琳娜說。

「馬里亞納觀光局應該頒發榮譽島民獎章給你們。」我笑著對他們說。

喝著文創館特別的薑汁酒同時，傑又用威士忌、檸檬汁和

燒炙的乾橘皮調了杯酒讓我試喝，威士忌的濃烈中，散發著微微的酸和淡淡的苦，口感非常奇特，卻意外地調和。

傑過去是一名釀酒師，調酒創意也不在話下，酒在他的生命過程中扮演著很重要角色。透過釀酒專業，他在塞班協助成立了當地的釀酒公司，現在塞班也有了自己品牌的啤酒。

「如果你喜歡喝酒的話，你就會知道，對我而言，這就是屬於我的藝術。」他毫不掩飾地說。

另外，馬里亞納文創館的手作氮氣冷萃咖啡，在塞班島也是絕無僅有，濃郁的咖啡香氣中透著氮氣綿密泡沫的甜味。他

們夫妻真的非常馬里亞納，連咖啡豆都堅持使用塞班品牌，傑也喜歡在咖啡中摻入當地椰子風味，標準的塞班獨家口感咖啡，我在塞班其他的咖啡店裡，還真沒喝過這種椰香咖啡。

有機會來到塞班島旅遊，不妨去馬里亞納文創館（Marianas Creations）逛逛坐坐，欣賞別緻專屬海島的手作文創藝術，甚至帶回家留個紀念，喝喝這裡獨有的啤酒、調酒或氮氣冷萃咖啡，吃吃當地當令食材做成的料理，然後跟文創館的兩位主人聊聊他們正在逐構的夢，和他們對充滿海島大自然氣息的馬里亞納的熱情。

CHAPTER 14 ——— 愛上塞班。他們的文創異想世界

飛向天寧島

北馬里亞納群島
塞班機場

北馬里亞納群島
天寧機場

天寧島

Tinian

地理

+ 美國屬地，北馬里亞納 15 座島嶼中次大面積
+ 西臨菲律賓海，東濱西太平洋
+ 塞班島南方相距 23.4 公里

歷史

+ 原住民查莫洛族和卡若蘭族祖先 3000 多年前從東南亞遷徙來此定居
+ 16 世紀起，先後被西班牙、德國、日本占領統治，成其殖民地
+ 二次世界大戰期間，美國投向日本長崎、廣島兩顆原子彈在此裝載起飛
+ 1947 年，聯合國授權美國託管治理
+ 1986 年，連同其他 14 座島嶼正式成為美國領土

CHAPTER 15

跳島天寧。

跳進二戰的歷史漩渦

在時間的軸線上
回首　凝望
筆直的百老匯大道
一如戰爭的引信
從蔚藍的彼端
在黛綠之間
一路向北火焰紅光
轟轟烈烈地燃燒

北馬里亞納群島總共有15座小島分布在馬里亞納海溝上，其中只有塞班、天寧和羅塔三島有人居住，其他都是名符其實的無人島。高年級實習生的我來到塞班一個星期後，暫時跟它說再見，收拾簡單換洗衣物，準備展開跳島行程，前往大概百分之九十九的台灣人都不知道和沒聽過的天寧島探索。

　　一大清早顆顆教練開車載我前往機場搭機，塞班島的島內機場因為2018年遭到強颱「玉兔」吹毀，暫時在旁邊空地以鐵

皮搭棚辦理通關進出，連機師們都得和乘客在座椅上待命，克
難簡陋不在話下。

　　飛往天寧島的機票是馬里亞納觀光局事先幫忙預訂，到窗
口付費領票，機票來回費用110美元。窗口旁設置了一個臨時的
磅秤，不僅僅用來秤隨身行李的重量，連人都得站上去，為的
是管控小飛機的載重量。

　　出發這天的雲層很厚、風很大，等待的過程中，飄來一陣雨，
太陽露了一下臉，天空浮現一道彩虹，然後又被陰沉厚重的雲遮
掩過去，站在鐵絲網前看著停機坪上的小飛機，還真小，扣除機
長，最多只能載客五人，這陰晴不定多變的天候，小小的飛機如
何能在不小的風裡穿行？腦袋中浮出疑問，一顆心七上八下。

　　小飛機緩緩滑離跑道，地面上的物體愈來愈小，沒多久就來到大海的上空，從窗口往下俯瞰，塞班島海岸的曲線畢露，在陰沉的濃厚雲層和偶爾露臉穿透的陽光中，金色的波光粼粼。今天的天候不好，空中感受到的風不小，小飛機偶或左右晃動、上下起伏讓人緊張，但是海面看起來卻是異常的平靜。

　　飛行途中一陣雨後突然露出一陣陽光，就在始料未及的這時候，半空霧氣般的薄雲間出現雙彩虹，美麗的驚喜，拿出相機猛按快門，這該是離彩虹最近的一次接觸。坐在飛機上有太多按快門的理由，劉姥姥逛大觀園，第一次的遇見，什麼都新鮮，什麼都想靠科技記憶下來。小飛機就在我的相機快門聲中和其他乘客手機拍照中，飛越兩島之間的海洋，在安然落地的那一刻，所有的乘客向機長報以熱烈的掌聲，機長這時帶著微笑說話了，祝福大家旅途平安愉快。

　　塞班島到天寧島真的很近，從起飛到降落只花了15分鐘。

　　馬里亞納觀光局駐天寧島的工作人員韋姐女士已經在機場

門口等候，禮貌寒暄後坐上她的白色皮卡車，不浪費時間，沒先去旅館辦理入住手續，直接展開遊島行程，韋姐充當我的一日導遊。

天寧島雖然是北馬里亞納的第二大島，從南到北也不過21公里左右，一條筆直的百老匯大道貫穿其間，是島上主要的道路。二戰期間美軍攻占天寧島後，這裡成為美軍在太平洋作戰的重要基地，原本的島北機場由15,000名美國海軍工兵構工加長，並且修繕可容納50,000人的營房區，但是物資得由南部港口運送上去，於是美國工兵日以繼夜開拓了這條唯一雙向的百老匯大道。

「為什麼叫百老匯大道？」我問韋姐。

「大概為了緩解駐守在這裡美國官兵的思鄉之情吧！這裡有些路名第幾街、第幾街，像是紐約街道名一樣。不過也可能跟二戰投下原子彈的曼哈頓計畫有關。」韋姐不疾不徐的聲調聽了很舒服，也清楚回答了我的好奇。

除了島北機場明顯的飛機跑道和島南聖荷西小小的市中心外，低度開發、維持原始樣貌、從空中鳥瞰一片苔綠色的天寧島，與其說是觀光島，不如說是二次世界大戰的重要歷史島，不少二戰迷來天寧島朝聖，都是為了當年決定二戰命運的兩顆原子彈在這裡裝載起飛。

車子往北行駛，途經一棟廢棄的長形建築，外觀斑駁，建築內殘破空洞，韋姐告訴我這是二戰時期日本的通訊中心，用於島與島間的聯絡；但是牆壁上卻留著「回去工作前記得洗手」、「儲藏室」、「檢查員辦公室」的英文，日本的通訊中心怎會用英文，無法理解，原來二戰之後，這棟建築當地居民一度拿來當作牛隻的屠宰場和製奶場，至於後來為什麼又廢棄不用，韋姐說她也不知道。

　　韋姐把車子轉進百老匯大道邊的一條小徑，入口出豎立著一塊寫著「日本防禦山洞」（Japanese Defense Cave）的景點牌。這裡是二戰時被打得落花流水的日本軍退守藏身之所，循著小徑沿山壁往上走，一路上可以看到大小不一的挖掘洞穴，有的洞穴前還有殘留已無法分辨的鏽蝕金屬。這麼小的洞穴一次能藏幾個人？無糧無水在這洞穴裡能撐多久？被逼入絕境的這些日本軍人當下又是什麼心情？此刻我站在70多年前的一處戰場，想像日本軍人蟄伏洞中的景象。

荒山野地，這些洞穴鑿掘出天寧島戰役的殘酷記憶。沿著山壁旁草木叢生的窄徑尋找洞穴的同時，路邊一叢叢綠色植物上生出的綠色細小朝天的果實吸引了我的注意。

「這是野生辣椒嗎？」我問韋妲。

「這叫Donni Sali，有名的天寧辣椒。」韋妲順手摘了一顆要我吃吃看。

辣椒非常袖珍，不到兩公分長，結實飽滿，初入口，感受不到韋妲提醒的「非常辣」，沒想到後勁出現，辣在口中擴散，雖不至於辣到流淚，這朝天小辣椒的確也夠嗆。當地人就是到這種荒郊野地採摘這些野生的Donni Sali製成辣椒醬，每年島上都會舉辦天寧辣椒節，這小辣椒在島上的地位可見一斑。

我也好奇，種植的辣椒豈不比野生的辣椒容易和方便採收？韋妲解釋，種植的辣椒辣度和味道就是無法跟野生的比，所以當地人還是寧可到荒丘野地裡採摘。話說這是一種名叫

Sali的黑色大鳥，專吃這種辣椒，辣椒籽無法消化，隨糞便一起排出，就這樣野火燎原般到處都是野生的天寧辣椒，而且成了天寧島的特產。Donni Sali的Donni，查莫洛語就是辣椒的意思，Sali就是大黑鳥的名字。世界之大，真是無奇不有，沒聽過有喜歡吃辣的鳥，不曉得吃多了這麼辣的辣椒，小屁屁是不是也會灼燒疼痛？而且這種植物的生長竟然是來自牠們的排泄物，真是長了見識。

西洋老歌〈San Francisco〉歌詞中說「如果來到舊金山，別忘了頭上戴朵花」，如果有一天你去了天寧島，別忘了品嚐天寧辣椒，順便買幾瓶帶回家當伴手禮。

149

CHAPTER | 16

天寧起飛。

兩顆原子彈終結二戰

我站在 2019 寂靜荒蕪的這端
望向 1945 翻飛遠颺的那端
聆聽
B29 超級堡壘轟炸機
低沉震耳的轟鳴聲
為大海那頭的長崎廣島
吟唱最後的輓歌

開車繞過紀念天寧戰役犧牲的美國士兵紀念碑圓環，就進入了遼闊的島北（North Field）機場腹地，1945年8月兩架B-29轟炸機，就從這裡掛載兩顆原子彈起飛……。

回到二次世界大戰的歷史軸線，1944年美軍攻占天寧島後，開始在天寧島北端大規模建設，除了維修原有4,380英尺的跑道並擴建到8,000英尺外，又用了將近764,554公噸的土和珊瑚興建三條新的8,000英尺跑道，總共四條東西向平行，從飛機上俯瞰才能盡收全貌，筆直朝著大海延伸，相當壯觀。

島北機場腹地是戰爭的憑弔點，有不少二戰的遺跡散佈，

鮮少旅遊的風景可言，但這裡卻是戰爭迷來到天寧島必定造訪的打卡景點；這塊區域多的是荒煙蔓草，多的是空曠寂寥，看不見旅遊人潮，一般的遊客來到這裡少之又少，我造訪這裡兩次，除了「我們」，沒有「他們」。也是幸運，沒有團客的喧囂，可以在這歷史回眸的一方土地上，不受干擾地冥想著超級堡壘轟炸機起降的狂嘯與低鳴。

時間就像這條一望無際看不到盡頭的跑道，站在我們現在的這端已是偃旗息鼓的荒涼寂靜，而時間的另一端則是枕戈待旦的奉辭伐罪。歷史雖已遠颺，終究存在於人類的記憶，此刻我們又把時間的軸點拉回到1945年。

馬里亞納文史工作者、也是天寧島居民的唐法雷爾（Don A. Farrell）老先生，在我第二次來到天寧島時，陪同我們一行人參觀島北機場的原子彈裝載點。他說起那年的B-29轟炸機和原子彈，如數家珍般滔滔不絕，就像是本活教材，補充了許多歷史課本中沒有的內容。

1945年2月，天寧島因為絕佳的地理位置和飛往日本的適中距離，被美國選為研發製造原子彈的曼哈頓計劃中的執行行動基地，由54名科學家和技術人員組成的團隊，連同原子彈運往天寧島，準備裝載原子彈於B-29超級堡壘轟炸機，飛往日本廣島長崎展開轟炸行動。

1945年8月6日，第一架轟炸機向廣島投下了名為「小男孩（Little Boy）」的原子彈；8月9日，第二架轟炸機向長崎投下「大胖子（Fat Man）」原子彈。兩次轟炸造成長崎廣島20多萬人死亡，也結束了二次世界大戰。

　　「美國原本打算用三顆原子彈終結日本侵略擴張的野心，長崎廣島兩顆原子彈投下後，1945年8月11日傳出日本準備接受波茨坦宣言的條款，第三顆原子彈KB-1795按下不表。如果當時日本投降推遲，這第三顆原子彈將繼續運往天寧島，很可能會在8月16日再投下一顆。」法雷爾老先生不疾不徐娓娓道來。

　　1945年8月15日，日本天皇宣布無條件投降。

　　當年轟炸廣島長崎兩顆原子彈的裝載坑道，如今已被玻璃罩封住，罩內陳列著裝載原子彈的珍貴圖片；坑道有兩個，左右遙遙相對，左邊屬於「小男孩」，右邊屬於「大胖子」，坑

前石碑上則分別摘要記錄關於這段轟炸歷史的人事時地物。

法雷爾老先生走到「小男孩」坑道玻璃罩旁仔細解說當年裝載原子彈的過程，從陳列圖片的細節他指出，兩顆原子彈應該都是在「小男孩」坑道中裝載，另一個被指為裝載「大胖子」原子彈的坑道根本是錯誤的。為此他還特地跑了一趟美國華盛頓特區，從國家檔案中拿到原檔照片，試圖讓美國國家公園管理局更正石碑上的說明，但是公園管理局沒當一回事。

「這兩個坑道爬下去的欄杆是不同的，但是如果你看一下裝載兩顆原子彈的圖片，顯示欄杆都是一樣的，所以我們知道兩個炸彈都是從「小男孩」這個坑道裡裝載的，而不是另一個坑。」對文史工作者而言，歷史不容扭曲。

法雷爾又說了個關於坑道不太為人知的小故事。這兩個坑洞後來因為一直有野牛和狗掉進坑裡，當時的天寧島市長為阻

止這樣的「事故」一再發生，於是命人填土把坑洞封埋，並且在填了土的坑洞上種植椰子樹和雞蛋花樹。但畢竟這是二戰歷史重要的記憶「點」，在60週年時，「小男孩」和「大胖子」坑道重見天日，玻璃罩、圖片、石碑再塑金身，有了今天我們見到的模樣。

　　孤寂安靜躺在這片空蕩荒蕪土地上的原子彈裝載坑道，就像是兩座歷史的墳塚，等待後人緬懷，然而此處埋得是戰爭的殘酷？還是勝利的榮光？在低迴的歷史中，沒人能給出正確的答案，只是從法雷爾的敘述中，得知曾經執行轟炸行動的人員中，有人因為造成日本數十萬人死亡的良心譴責，夜夜惡夢，最後自殺結束了生命。

　　原子彈裝載坑道附近還留有美軍攻占天寧島前的日軍電廠、

飛行指揮塔和空軍指揮部的建築空殼，殘破傾圮，不難想像美軍當年進攻日軍的砲火慘烈。

　　日本空軍指揮部當年被美軍轟炸，炸斷七根梁柱依舊屹立沒垮，壁面大半已不存在，內部結構一清二楚，據說建築一樓是指揮所，二樓是歌舞廳，不知是真亦假？只是如今危樓莫入，指示牌下明白寫著紅色警示文字。

　　天地無極，孤身站在一望無法到底的Runway Able那條掛載「小男孩」、「大胖子」原子彈起飛的跑道，感受著B-29超級堡壘轟炸機從頭頂上呼嘯而起震耳欲聾的轟鳴。乾坤借法，從天寧島起飛的這兩架轟炸機，終結了廣島長崎無辜的生命，終結了日本帝國無限的野心，也終結了無情的戰爭。

CHAPTER 17

噴洞曳虹。

世界奇景的美麗邂逅

是誰
在激浪的海洋
作畫
調色盤裡沒有別的顏料
只有
純潔的鮮白
交疊
深邃的湛藍
信手潑灑如夢似幻的油彩
流轉　迴旋
在海天之間

天寧島周遭海水的顏色，湛藍得如夢似幻，激浪拍打岩石，正是「灘頭白勃堅相持，倏忽淪沒別無期」，當時喧囂轟隆的二戰歷史，早已在濁浪激花中成了前塵往事。

離開二戰歷史遺跡的憑弔點，韋姐開車穿行於兩側樹草叢生的小徑窄路，繼續前往島北機場附近的兩處知名景點，丘魯海灘（Chulu Beach）和噴洞（Blow Hole）。

丘魯海灘位於島北機場的西側，面積不大，沙細純淨，兩側則是嶙峋兀立的火山岩石，各有姿態。韋姐告訴我當年天寧島戰役有一支美軍艦隊就是從這裡登陸，不過出名卻是因為海灘藏有星沙，所以丘魯海灘也被稱作星沙海灘。

韋姐拉著我蹲下身，要我把手掌輕輕按在沙上，看看沾著

沙子的手掌上能否找到星沙。試了幾次都槓龜，有點小沮喪，韋姐說最近星沙變少了，要我耐著性子再試試。稀少的星沙果然稀奇，當終於看見有稜有角的小玩意現身時，50多歲大叔的童心十足噴發地喊著：「找到了，找到了」，雀躍像個孩子似地把手伸給韋姐看。有五角的，也有六角的，煞是討喜可愛。韋姐笑著對我說，當地人把星沙視為「幸運、幸福、浪漫」的象徵，戀人們喜歡來這裡尋找星沙，說是可以帶來愛的見證和祝福。

多情的人總是描聲繪影替星沙編織了一段美麗動人的故事。傳說雨神的女兒和星神的兒子一見鍾情，但是神之間禁止戀愛，愛情的力量讓他們決定逃離天界，分別化為雨水和星星然後結合在一起，幻化成微小的星沙散落在世界的沙灘角落。

然而，星沙的真實世界卻不是如此浪漫。星沙實則是由海洋單細胞生物有孔蟲死後的外殼堆積而成，因為外型突出的稜角狀若星芒，隨海水沖上沙灘，藏於沙礫之中，所以稱它是星

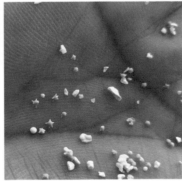

沙。細看星沙，的確和一般的沙子不一樣，沙體上有類似珊瑚的紋路。

出現星沙的沙灘近年因為遊客和商人的大量採集，或收藏紀念，或做成商品販售，導致星沙數量銳減。海洋科學專家嚴重警告濫採星沙的後果，會導致海岸侵蝕危機，很多國家都制訂保護措施嚴禁採集。馬里亞納當局幾年前也立下規定，海裡的生物不論死活，還有石頭沙子都不准帶走，若被查到重罰5000美金；我拍了張照片，以資證明我在天寧島遇見的幸運、幸福和浪漫，然後輕輕拍落手掌上的沙。

在天寧島東北角有一段火山熔岩形成的海岸，長年受到海水侵蝕，風化成大小不一的岩洞，每當太平洋潮浪湧進洞穴，就會像鯨魚噴水般向上噴奪而出，最高達數丈，並且伴隨巨大鳴響。這些神奇的噴洞，被譽為世界五大天然奇景之一，它們依著潮浪的節奏，在噴發的一瞬間，潮浪飛天般舞動著曼妙多變的身形，然後化為水霧消失眼前。

韋姐或許看膩了這樣的奇景，她留在停車場等我，要我自己去看，同時囑咐別踏上岩石以免危險。我很聽話止步於岩石區前，因為無法看到洞穴和潮浪的動態，用長鏡頭捕捉噴洞噴水的畫面，只能碰運氣，噴水雖有節奏，但沒規律，所以往往

看到海水噴射上來，按下快門時已經錯失最美的一瞬。

　　拍不到，就算了，不想因為執著於一張完美的照片，冒冒然走進韋姐叮嚀危險的礁石區和攪亂了享受噴洞的心情。收起相機，純然用眼睛欣賞這大自然的特別獻禮就好，然後記住這一刻的風嘯、潮湧、洞鳴和水舞，偶爾閉上眼睛，調整呼吸，放空自己，呼吸天地海洋之間的靈氣，吐納片刻寧靜。

　　我以為「噴洞」這樣驚鴻一瞥後就結束了，下次不知何年何月再相逢。

　　晚上跟民宿老闆一家人搭伙吃飯，聊起噴洞，民宿老闆周軍秀了一張噴洞彩虹的照片，驚艷不已，問他拍攝到噴洞彩虹是否得憑運氣？才從他口中得知拍到不難但有技巧。他告訴我要拍到彩虹的先決條件當然得有太陽，拍攝時間得在下午3點到5點間，拍攝者得站在太陽和噴洞間成一直線，等到噴泉一出，自然就能拍到彩虹。

　　隔天，租了輛車自駕遊天寧島，下午3點再訪噴洞，檢視一下周軍教我的拍攝彩虹技巧。相對於來到天寧島第一天的雲厚天陰偶爾還一陣雨，第二天晴朗無雲豔陽高照，正是拍攝彩虹好時機。

　　這次沒韋姐叮嚀，打算試險踏進火山熔岩區，小心翼翼往噴洞靠近，岩石地形凹凸難行，有種走在鵝卵石健康步道足底按摩的感覺，再往裡走，坑坑洞洞，坑洞突出的岩石相當銳利，不小心就會刮傷，只能步步為營。不過也因為走進岩石區，我才看到噴洞的全貌，離自己最近、也是噴水最高的噴洞口原來

丘魯魯海灘

位在海蝕平台上，海蝕平台沒入海中的岩壁應該被海浪侵蝕了個大洞，潮浪湧入洞中推擠的的壓力讓海水從平台上的洞口噴發而出，形成水噴數丈的天然奇景，只是這要多大的壓力才會噴射如此之高，大自然的神祕力量真的令人敬畏和稱奇。

我找到太陽和噴洞的相對位置，然後走到它們的中間，三點成一直線，手握相機等待著；一個潮浪從洞口噴發，如同一條小白龍從海底竄出向上奔騰，在迷離的水霧間，一道彎月般的彩虹彷彿從深藍的海水中浮出，呈現在我眼前。天呀，真是太神奇了，這瞬間水霧中的彩虹竟然離我如此之近，似乎伸手就能觸及。

有人在部落格介紹天寧島噴洞時，會補充一句「如果運氣好的話，會在這裡看見彩虹」，但顯然在這裡遇見彩虹不是運氣的問題，而是生活經驗累積的常識和智慧，問問天寧島民宿老闆周軍就知道了。

165

CHAPTER 18

未 解 之 祕 。

查 莫 洛 頭 目 神 力 傳 說

我從遠方走來
徘徊廣闊的寂靜中
腳下溫柔的貝殼沙
守候千年的等待
只為此刻我的到來
孤獨的塔瓊加啊
美麗短暫相遇
海天一方
潮來潮往
滾動的思念
終究留不住烙印的足痕
默默地
看著我寂寞的背影
離開

開車自駕行駛在筆直的百老匯大道上，一路上鮮少人車，彷彿自己被放逐在一座孤島之上，在廣闊寂靜的天地間任意徘徊徜徉。如此充滿原始自然風情和歷史回憶的海島，似乎被絕大多數的觀光客刻意遺忘和無視，沒有喧囂的旅遊人潮，反倒讓自己獨享真正只有一個人旅行的暢快。

　　如入無人之境。漫無目的沿著島東岸小路來到一處海灘，沙礫淨白，兩端峽角岩石高崎嶔崎，自成風景。當地人叫這裡 Unai Dankulo，查莫洛語就是長灘的意思。長灘很孤獨，此刻除了我，沒有其他遊客，一個人獨占的概念，窮極奢侈的快樂。在沙灘上肆無忌憚的自拍，然後望著白色浪花線分隔的太平洋湛藍和淺藍海水，聽著海湧推波，雖然日頭赤炎炎，霸占一整個沙灘還是覺得超爽。

「在無人的海邊，寂靜的沙灘延綿，海浪拍打著海面……」，下意識地哼起這首歌，懷想起那個民歌陪伴的歲月，三十多年後，因緣和合獨自一個人坐在無人的海邊，細數不再的青春。

長灘附近有一條兩公里的原始步道，沿路小徑上長滿野生的天寧辣椒，步道盡頭則是古老查莫洛部落的拉提石（Latte Stones）建築遺跡。

拉提石是馬里亞納群島的特產，早期查莫洛人遷徙至此，就是開採拉提石製作成蓋房子用的支柱，由石帽石柱上下組成，形狀有點像杏鮑菇，一般民宅在兩排各四根的拉提石上搭建木屋，查莫洛的權貴之家使用的柱石數目又要比一般民宅多出幾根。

天寧島聖荷西市中心的塔加大宅（House of Taga），就是保留最完整的拉提石建築遺跡，由於過去的大地震，12根柱石幾乎全部傾倒，只有一根屹立不搖。塔加大宅是查莫洛頭目塔加的宅邸，傳說他天生神力，這12根高約莫5公尺的柱石都是

169

由他一力豎起，如同神話，入境問俗，姑且聽之。不過如此巨大沉重的柱石，在沒有起重機等器具的年代，究竟是如何排列直立於地面之上，還能在五公尺高的柱石上搭建木屋，著實令人好奇，如果不相信神力之說，實在難以解釋塔加大宅的存在。

　　塔加大宅附近也遺留有二次世界大戰的飛機螺旋槳殘骸和慰靈碑、日本善光寺的遺址，同一個空間交疊著不同時間的文明與歷史，而此刻的我體驗著穿越再穿越的時間錯亂。

　　塔加大宅附近有四個海灘，其中塔加海灘（Taga Beach）就

跟神力超人塔加一樣神祕，隱身在懸崖之下，漲潮時沙灘藏於水裡若隱若現，退潮時沙灘才會真正出現，一個隱世的祕境。當地居民會從懸崖上縱身下海，然後游到這片沙灘，享受屬於他們的祕境時光。沙灘上方有條小徑，可以沿著階梯走到崖邊的小石台，坐下來眺望碧色平靜的菲律賓海，海天相連一望無際，半空中浮雲飄移白衣蒼狗，景色中透著浩瀚無常之美。

　　塔加海灘旁豎立有人形剪影彩繪的天寧島英文字母Tinian標誌，豔麗的色彩字形搭配無敵的藍天白雲海景，加上沒有遊客亂入的干擾，一張張想怎麼拍就怎麼拍、純粹乾淨只有我和主景的照片，那是多麼的珍貴。玩性大發，架好藍芽遙控腳架，然後爬上每一個字母的頂端，按下手中的遙控快門，留下一幀幀天寧島到此一遊的紀錄。

鄰近塔加海灘南邊的塔瓊加海灘（Tachogna Beach），沙灘白淨細軟，非常適合在這裡做日光浴，海水清澈，加上附近有珊瑚礁，可以浮潛觀賞熱帶魚，運氣好的話，大海龜也會游過來跟你四目相接。

　　那天，在塔加海灘遇見來自中國大陸的觀光團客，只見他們在小石台上拍照，拍完走人，沒見他們過去隔壁的塔瓊加海灘，慶幸歡喜自己又獨占了一大片海灘。

　　如此沒有污染、不被雕琢、有著絕佳天然資源和美景的天寧島，為何帶動不起這裡的觀光，觀光遊客少得有點可憐。停留三天期間，因為當地特色食物真的美味而每天造訪的餐廳JC Cafe，進進出出幾乎清一色是當地居民，前前後後只遇到三名觀

光遊客。我回到民宿問老闆周軍和他妻子邱波：「遊客這麼少，你們經營民宿撐得下去嗎？」

「原本還會接到一定數量的國內團，中美貿易戰讓十一國慶之後的來島人數銳減，塞班島應該影響最大。現在旅館會租給從塞班島來這做短期工的工人或雇員，勉強湊和著，」周軍回答我。

我住的Lori Lynn Hotel是天寧島目前唯二的民宿旅館，另一家聽說是韓國人開的貨櫃屋民宿，兩家民宿旅館房間加起來也不過40間左右。

天寧島的觀光體質真的那麼屢弱嗎？倒也不是。

　　曾經這裡的觀光人潮不輸塞班島，1998年在百老匯大道1號開張經營的天寧島皇朝五星級酒店，如同塞班島的博華皇宮酒店，以大型賭場吸引了大批的觀光客前來，風光一時。皇朝酒店有450間房間，數量是現有兩家民宿旅館的十倍。周軍和邱波就是皇朝酒店從中國大陸聘僱過來的廚師和點心師傅，兩人在天寧島相遇相識結婚生子，把這裡當成他們共同的家鄉。

　　根據塞班論壇報的報導，香港娛樂投資的皇朝酒店2013年遭到美國金融犯罪執法當局指控違反銀行保密法中的反洗錢協議，導致美國移民局和國土安全局不再給予皇朝酒店外國僱員工作簽證，讓皇朝酒店因缺工無法經營下去，2015年皇朝酒店關門大吉。

　　皇朝酒店就在塔加海灘的對面，當年人聲鼎沸的輝煌盛世不再，鐵門深鎖、雜草叢生，養了一隻看門狼狗，聽到我的腳步聲靠近就狂吠。曾經有太平洋上拉斯維加斯之稱、以十六世紀義大利文藝復興時期為背景設計的皇朝酒店，如今空蕩荒涼，外觀褪色斑駁，儼然成了天寧島上二戰以外的另一棟建築遺跡。

塔加大宅前二戰殘骸　　　　　　　　　日光善光寺遺跡

CHAPTER | 19

天性樂觀。

查莫洛人慢活找快活

眺望
碧藍的海洋
絮白的層雲
日復一日
孤獨的寂寞
瘖啞無聲
盪不出和平的鐘響
回憶
烽火滿天的那日
灼熱傷痕滿佈
如今
烙下的傷疤早已結痂
卻依舊
寂寞的孤獨

　　網路上看到這樣的一段話：「人生那麼長，你卻總怕來不及。把生命拉長一點來看，此刻也許只是前奏，在自己的時區裡，一切都是最好的安排。堅守我們真正想要追求的，找到自己內心的節奏，讓心慢下來，在浮躁現實中從容地生活。」怕來不急，總是拚了命地往前趕，因此可能錯過路上的美好風景與顏色。

　　第一天天寧島的環島導覽行程，下午三點半韋妲載我到民宿旅館後結束，她告訴我四點鐘下班後得回家陪外孫女和做飯。我向她道謝目送她離開，然後進到民宿辦理了入住手續。

　　天色透亮，拉開落地窗簾，仍可穿過屋瓦房舍和樹叢遠眺到大海。太陽終於露臉了，天氣由陰轉晴，離天黑還有一段時間，打算自己出去走走，逛逛聖荷西這個不大的小鎮，也許有機會走到海邊看夕陽。

　　小鎮中穿梭，看到一座在戰火中保留下來的鐘樓，外觀斑駁得很有時間感，是小鎮的地標景觀之一。鐘樓旁的教堂被砲火摧毀殆盡，戰爭之前，這裡是居民的信仰寄託所在，戰後原地又新建了一座現代教堂。教堂和鐘樓在外觀上新舊之間或有視差而不搭，但鐘樓的地位無可取代，在小鎮上成了歷史傳說。鐘樓盪出的悠揚鐘聲，曾是這小鎮生活中的撫慰之音，只是如今已瘖啞不語。

　　往南端塔加海灘的方向前行，穿梭在聖荷西的巷道中，感覺像是走在美國的小鄉村，房舍疏疏落落，多是有院子的平房，沿路還有幾棟遭到颱風吹襲破壞尚未興建完成卻已停工的房子，孤零零原地矗立。信步經過熟悉的JC Cafe餐廳來到通往海灘的外環道路，房舍也漸漸沒了蹤影。

　　遠遠看到一頂像是蒙古包的帳棚在道路旁。

　　在塞班時，開車在馬路上偶爾會看到屋頂破損的房舍旁搭

起的帳棚，我問浪潛水旅行潛店的教練顆顆怎麼回事，他說玉兔颱風災情嚴重，當地政府準備了很多帳棚讓房子被吹壞的居民暫時居住，都一年了，維修搶救的速度還是來不及。

朝帳棚走去，眼前的景象讓人瞠目，怎麼這麼嚴重，颱風吹毀房舍只剩下廚房兩片藍色的殘牆矗立，透著一股說不出的哀傷與淒涼。一對查莫洛裔夫妻站在帳棚外，我走上前去和他們打招呼，想瞭解一下狀況。

屋主卡斯楚先生（Justo Castro）打著赤膊，親切招呼我這位不請自來的陌生外來客，自我介紹後得知他是天寧島觀光局的雇員，緣分就是這麼巧。聊起一年前這個可怕的玉兔颱風，他們夫妻倆仍心有餘悸，形容颱風就像惡魔般無情地肆虐和拆解房子，他們驚惶地帶著孩子逃出岌岌可危的家，躲到朋友住處，隔天返回看到只剩兩片牆的那一刻，心都碎了。

「我們嚎啕痛哭，感到很無助，什麼都沒有了，重要的文件全部不見了，感覺真的完了。」卡斯楚描述當時他們的心情。

我走到帳棚口，看著帳棚內的陳設，薄墊和一張躺椅是他們臥睡的床，另外就是一張小木桌、冰箱、風扇、堆放的雜物，和吊掛的衣物、毛巾，生活非常簡陋。

「你們就這樣生活了一年？政府都不管嗎？你還是觀光局的員工呢！」我提出疑問。

「政府給了我們帳棚，修復進度有排列順序，我們還在等。突然家沒了，剛開始也不習慣，天天在唉聲嘆氣中抱怨、哭泣，慢慢地也就習慣看開了。」卡斯楚坐在克難的木板椅上一邊餵著小羊喝奶，一邊回答我的問題。

「現在不會抱怨了嗎？」

「不抱怨了，抱怨不會有任何幫助，只會讓自己愁眉苦臉不快樂。現在我們只會禱告，希望苦難快點結束。」卡斯楚依舊專心餵著他的小羊。

181

　　靠著禱告和虔誠信仰的力量，讓他們一家人在苦難中堅毅地站了起來，豁達地繼續過著日子。

　　「我覺得上帝會照看、眷顧著我們，只要上帝快樂，我們就快樂，不好的事情終會過去的。」蓄著山羊鬍的卡斯楚，在他黝黑的臉上完全感受不到一絲苦楚，而他的妻子站在一旁也

是笑盈盈地。

　　臣服接受人生裡遭遇的一切，通透清明看開了，生命的韌性就會出現化解所有的苦難，卡斯楚這一家人就是我隨緣而遇看到領悟的一個例子。

　　告別卡斯楚一家人，來到塔加海灘，涼亭中有幾名天寧島居民正在烤肉聚會，我拿起相機拍照記錄這一刻時，亭子裡一名黝黑的男人向我招手，並從冰桶中拿出一罐啤酒遞給我，邀我參加他們的慶生趴踢，突如其來的友善如沐春風，我也欣然接受加入他們的歡樂行列，向壽星祝賀生日快樂。

　　我問邀請我的喬治關於他們這種在海邊亭子的烤肉聚會，他說這就是他們的生活常態，每天下班後、週末假日或節日都會來海邊的涼亭烤肉吃喝聊天聽音樂，和親朋好友一起享受慢活時光。

　　涼亭旁烤架上的五花豬肉滲出的油滴在碳火上滋滋作響，桌上還有醃漬的豬內臟和魚鮮，喬治夾了一塊內臟要我嚐嚐，

我有點怕，但不想辜負他的盛情美意，放入口中，一種說不出的奇怪口感和味道，不加思索吞進肚中，猛灌一口啤酒。

太陽往海平面緩緩下移，把浮雲和海水渲染成金黃色，席席涼風吹來，午後傍晚的悠閒，在輕快的音樂節奏中流轉。

「很喜歡你們的這種日常，跟著家人朋友到海邊烤肉聚會，這樣的日子一定很快樂。」看著他們談笑風生，充分感受到他們內心的喜悅。

「那是當然，我們喜歡悠哉地過日子，把家人朋友放在第一位，每天大家歡聚一堂，自然快樂啊！不像你們城市裡的人，總是步調太快，活得太匆忙，忙著工作忙著賺錢，不懂得去享受慢活的快樂，也忽略了很多重要的東西，那不是真正的生活。」

慢活裡的快活，我無法反駁喬治的論點。不同的地域、不同的人，自是有著不同的生活形態，無論慢活、還是快活，只

鐘樓 馬里亞納觀光局提供

要活在當下覺得樂活，沒被巨大的壓力吞噬，那就是一種屬於自己的好生活。不過我贊同喬治「多留些時間給家人朋友」的觀點，忙碌中的確經常會忘了這個重要的無價之寶。

在落日餘暉柔和的光線中，我拿出藍芽遙控自拍腳架合影這次機緣下的相遇，喬治拿著我的手機吆喝其他人來看。「太喜歡這張照片，手機我就留下了，」他開玩笑把手機放進褲子口袋，又拿出來還我，並謝謝我留下這美好歡聚的一刻，真是個熱情親切又可愛的查莫洛居民。我要了他弟妹的whatsapp帳號，把照片傳給他們留存當個紀念。

在殘餘的夕色中，我告別即將西沉落海的太陽，也告別黑夜來臨依舊將趴踢繼續下去的他們。

飛向羅塔島

北馬里亞納群島
塞班機場

北馬里亞納群島
羅塔機場

羅塔島

地理

+ 美國屬地，北馬里亞納 15 座島嶼第三大面積
+ 西臨菲律賓海，東濱西太平洋
+ 塞班島南方相距 128 公里

歷史

+ 原住民查莫洛族和卡若蘭族祖先 3000 多年前從東南亞遷徙來此定居
+ 16 世紀起，先後被西班牙、德國、日本占領統治，成其殖民地
+ 1947 年，聯合國授權美國託管治理
+ 1986 年，連同其他 14 座島嶼正式成為美國領土

Rota

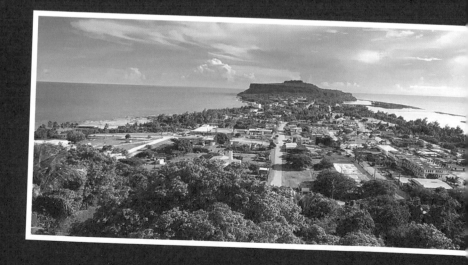

CHAPTER | 20

原始之歎。
羅塔島連鳥都很幸福

讚美大地之神
留下海洋中一方淨土
讓飛鳥得以棲息
讓海岸得以嶔崎
讓風光得以原始
讓土地得以富庶
讓森木得以盎然
這裡是大自然的金銀島
歡迎來到羅塔

　　北馬里亞納群島的進擊，從天寧島返回塞班島的隔週，我
這位台灣來的高年級實習生展開跳島旅行的另一個行程，羅塔
島（Rota Island）。國內媒體一度報導台灣有人要在這裡投資蓋
賭場，心想完蛋，羅塔島要被賭桌的銅臭污染了，著實為這未
經雕琢的原始海島捏了把冷汗，幸好最後被人揭穿投資羅塔島
只是一場騙局。

　　出發之前就聽說羅塔島的風光更加原始純淨，自然環境未
經污染，猶如一化外之境、世外桃源。天寧島曾因有大型賭場
以及著名的二戰原子彈遺址，還帶動過十年的觀光人潮，然而
羅塔島沒有這樣的人性慾望誘因，儘管島上也興建了高爾夫球

場度假村，但是登島的觀光遊客並不多見，因此保留了小島的純樸原味。

馬里亞納觀光局這次幫我安排了羅塔島的潛水行程，要我體驗在75米能見度的清澈海水中潛游的驚心動魄，浪潛水旅行潛店的教練智勝沒去過羅塔島潛水，聽到75米的能見度有點心動，跟公司報備後隨同我一起前往。有認識的潛導一路同行，在陌生的海域中潛水我也比較安心，在塞班島那次潛水一開始的慌亂中，智勝對我而言像顆定心丸。

雖然智勝和我到塞班臨時島內機場買機票一起同行，卻出乎意料地無法同機，現場工作人員問我們誰要搭下一班，我回問出了什麼狀況？「基於重量分配的安全考量，」我看著智勝開玩笑說，「你太重了，我先到羅塔島等你。」所幸兩班班機前後只差30分鐘。

飛往羅塔島的小飛機要比飛去天寧島的小飛機大一些，可載客8人，而且機長旁還多了名副機長兼起飛降落的廣播員。飛行航程大約30分鐘，飛機飛離塞班島後，先會穿越天寧島的上空，三座島幾乎是等距間隔開來，飛到天寧島上空時，三島就都進入了視線範圍。坐在大一點的飛機上，也許是心理作用，感覺平穩許多。在接近羅塔島的上空透窗俯瞰，只見這滄海中的小島幾乎包覆在一大片飽和的黛綠顏色中，隨著天光雲影變換時明時暗，好似有位指揮家指揮著一場原始野林的光影變奏曲目。

191

　　在機場等候我們的是羅塔島觀光中心的一名年輕小伙子椎（Dre），和智勝教練同年紀，23歲，見到兩名陌生的東方面孔，有點靦腆。

　　「椎，麻煩辛苦你了。我們第一站先去哪？」我知道為了不浪費時間，不會先去下榻的旅館，於是從背包裡拿出羅塔島的地圖問他。

　　「看鳥。」話相當簡潔，椎專注地開著車，我手上的地圖還來不及展開。

　　「看鳥？很特別的鳥嗎？在哪？」打開羅塔島的地圖，心想第一站去看鳥，這安排有點意外。

　　「鳥類保護區（Bird Sanctuary）。」依舊簡潔，像剛出道的省話一哥蕭敬騰，食指指著鳥類保護區的位置，這時我才發現

地圖另一面介紹著各種鳥類。

　　「那鳥應該很多，才會成為羅塔島的景點，去看鳥吧！」
我說，椎已經發動車子，朝著目的地的方向駛去。

　　想起塞班島有一座石灰岩形成的鳥島，矗立在西北沿岸數
十公尺外的海中，漲潮時如同一座孤島，退潮時灘面浮現，看

紅尾熱帶鳥

短尾紅足鰹鳥

似可以踏水通往該島。不過鳥島被劃為生態保護區，跟羅塔島的鳥類保護區一樣，嚴禁打擾島上棲息的鳥，只可遠觀。

那次去鳥島的時間可能不對，從瞭望台遠遠地只能看見孤島上零星鳥隻的動態，不是鳥專家，所以也無法從身形認出是什麼鳥。潛水教練顆顆告訴我，鳥島賞鳥得在黎明初現天色將亮之際過來，才能看到成千上萬鳥隻迎著日出傾巢而出的壯觀畫面，另一個觀賞時間就是牠們日落歸巢的時刻。

在我的眼中，鳥島是一顆巨大孤獨的石頭，但在群鳥的眼

高年級實習生：馬里亞納海溝跳島記

中，鳥島何曾孤獨過，無數生命在這裡呼吸、跳動、繁衍，鳥口眾多，生機無限。

　　羅塔島的鳥類保護區可就不是塞班鳥島的彈丸大小了，瀕臨太平洋的懸崖峭壁下一大片的叢林，都是鳥的棲息之所，絕佳的天然地形形成的保護機制，我想保護區的鳥一定很幸福。

　　從導覽地圖上得知羅塔島的鳥類有20多種，保護區的鳥類就占了6種，但是沒一種叫得出名字，其中北馬里亞納規模最大的紅足鰹鳥（Red-footed Booby）可以在保護區中看到，是一種會潛水捕魚的紅腳鳥。沿著傍崖階梯步道走到盡頭的瞭望台，扶著欄杆放眼望去，鬱鬱蔥蔥的綠色叢林和浩浩湯湯的藍色大海，怎一個療癒了得。樹梢上棲息著數不勝數的點點白鳥，時不時地鼓翅振飛，穿行在海濱和樹林間。

　　透過長鏡頭拍攝飛鳥的身影，對不是專業攝影師的人來說，需要的是運氣，不是技術。林間和海邊只要有鳥的飛行身影，立刻按下快門咔嚓，能捕捉到鳥蹤已是

慶幸，喜出望外的是，對照導覽地圖中鳥類圖鑑，拍攝到羽翅上鑲著黑邊的短尾紅足鰹鳥，以及紅喙白身的紅尾熱帶鳥（Red-tailed Tropicbird），這兩種鳥過去從未見過，也沒聽過。俗名紅尾鸏的紅尾熱帶鳥，飛翔時拖著一根細長的紅尾巴，飛翔姿態極其優美，聽說台灣也有這種鳥。

　　距離鳥類保護區五分鐘左右的車程有一座拉提石採石場，這是北馬里亞納群島保留最完整的拉提石採石區，當初查莫洛傳說中的神力超人在羅塔島遇到真愛，原本要蓋在這裡的塔加大宅，就是從這裡開採拉提石當建材，但是後來不知什麼原因他改變心意，選擇在一海之隔的天寧島蓋了塔加大宅，至於巨大笨重的拉

提石如何從羅塔島運往天寧島，這又是一個無解的謎。

　　拉提石採石場的空地上豎立著一尊塔加頭目的雕像，身型瘦長，左右手分別握著鑿子和鐵鎚；如果這就是他的樣貌，實在無法想像神力從何而來？不過採石場真正吸引眼球的是雕像旁各種形狀的坑洞所形成的幾何圖形，如果說是外星人來過羅塔島，大概也有人會相信。也說不定塔加就是外星人，不然這些挖掘出來一塊就重達十幾二十噸的拉提石，移出坑洞、石帽石柱上下組裝、搬運、然後豎立建屋，如果沒有起重器具，在那個古代究竟如何辦到？科技文明發達的外星人才有這個能力吧！望著不可思議的謎團，我也只能如是想。

CHAPTER 21

美不勝收。

羅塔島的風情與人情

你說
浪濤遇見礁岩
激盪的浪花雖美麗
終究
還是要告別
我說
浪濤遇見礁岩
就像我們的短暫相遇
激盪的浪花雖易逝
在我按下快門的瞬間
剎那
已停格為永恆

　　羅塔島不像塞班島、天寧島有很多綿長的美麗海灘，不過
濱海的礁岩地形在海浪的沖刷侵蝕下，倒也鬼斧神工地形成另
類視覺美景，珊瑚礁石一字排開陳列海水中，像極了裝置藝術。
椎載著我們沿著北部海岸前往游泳洞（Swimming Hole）的途中，
這樣的景致經常在速度中一閃而逝，心中響起「經過看過，千
萬不要錯過」的呼喚，於是在看到下一個大海裝置藝術時，請
椎路邊暫停，讓我留影存查。

　　記得第二次和壹電視新聞節目採訪團隊來到羅塔島，因為
要取景海邊夕色，誤打誤撞進入的礁岩景色更加壯觀秀麗，兩
道綿延不斷的珊瑚礁石隔成兩個深淺不一的潟湖，在夕陽餘暉
中分外美麗，靜謐中充滿靈氣。
　　不過羅塔島有一座天然泳池祕境，也就是椎要載我們去的

游泳洞，那才真的叫人嘆為觀止。大自然的神奇力量只有親自體驗了才會知道，這個天然游泳洞由海岸的珊瑚礁岩環繞而成，岩石的高低落差剛好形成一個長形池子，海浪打過最外圍的礁岩流進池中，漲潮時水深及胸，退潮時水只到腰，池水清澈見底，而且池底絕大部分都是柔軟的細沙，這麼棒的天然泳池，怎能不下水享受。

　　這才是純正天然的無邊際泳池吧！池外就是遼闊的大海，不是透過視覺差營造出的無邊際假象。一波一波湧浪拍打礁岩激起

澎湃浪花，這麼近距離的感受還是頭一遭，有種無法言說的震撼和感動，站在池水中隨著湧動過來的水流飄移，和大自然這麼貼近親密的接觸，想到「天人合一」。

　　在游泳洞停留的一個小時裡，只遇到兩名從美國來的遊客，來羅塔島旅遊的觀光客真的很少。我在想，如

果有機會再來羅塔島，一定要一個人租車自駕到游泳洞，在有很大機率獨享這個天然泳池的情況下，非裸泳一次不可，無牽無掛、無拘無束徹底釋放自己的身體和靈魂。

一路向南朝下榻的宋宋村（Song Song Village）而行，一座在碧海藍天綠樹中跳色而出的黃豔豔石台吸引了注意，椎說這裡是美國老兵公園，紀念二戰在島上犧牲陣亡的將士，石碑上刻寫著他們的姓名。鮮豔的紀念台旁還有一面黑白矮牆，黑底加上剪影設計，上面書寫著「YOU ARE NOT FORGOTTEN（永誌不忘）」和「POW MIA（被俘和失蹤軍人）」的白色英文字。黑白強蹦鮮黃的色調，大膽的組合，視覺上相當衝撞。

這面黑白牆的圖文設計，原本和越戰有關，1970年一名海軍中尉指揮官麥可霍夫（Michael Hoff）在越戰中飛行經過寮國被擊落，下落不明，他的妻子加入美國被俘和失蹤軍人全國家庭聯

盟後，委請設計公司設計出這面旗幟圖案，表示對消失的親人永生不忘。羅塔島豎立這面牆，應該只是象徵性的意義和宣示。

　　「一路下來，感覺二戰的遺跡不多，塞班島和天寧島還有萬歲崖和自殺崖，」我對椎說。

　　「羅塔島有日軍指揮中心、砲台和日軍埋葬的遺址、紀念碑，只是今天時間上來不及過去了。」熟悉之後，椎不再像一開始那麼省話少言了。

　　椎駛離平坦的海岸公路轉進稍微顛簸的泥土小徑，林樹夾道，車子蜿蜒而上，來到這一天最後一個伴遊行程景點，宋宋村瞭望台（Song Song Village Lookout）。

　　三公尺高的白色十字架豎立在瞭望台上，這裡應該是羅塔島的最高位置所在。面海方向視野遼闊，南端狹長的海岬和島上主要的聚落宋宋村盡收眼底。海洋、岬灣、山丘、樹叢、房舍錯落交織，宋宋村一片「結廬在人境，而無車馬喧」的安寧恬靜，此刻雖無法像陶淵明「採菊東籬下，悠然見南山」歸隱田園自得，午後在若有似無的風中登高俯看這幕景象，小村落宛如停格的影像，時間也跟著靜止不動，讓人有置身隱世的平靜與舒懷。

　　椎走到我身邊指著對面的山丘，「那是結婚蛋糕山（Wedding Cake Mountain）。」突如其來的一句，我還沒會意過來，他接著比劃層疊的山丘形狀，特別是最上面一層，「很像結婚蛋糕。」他又強調一次。「哇，真是想像力豐富，有點像蛋糕呢！」我逗他，「但是為什麼不叫生日蛋糕山呢？」大概從來沒人問過這樣的問題，「我也不知道，」椎看著我靦腆地笑著，「這裡就叫結婚蛋糕山。」

　　我們和椎在下榻的珊瑚花園旅館前道別，謝謝他一整天的導遊，他笑笑地指著旅館說：「這是我阿公經營的，後面有一大片草地，還有一個烤肉涼亭，我們經常在那裡烤肉喝酒。」這家旅館呈一字型，上下兩排房間，房間不大，簡單的兩張單人床和一間衛浴，不過後方卻有著無敵視野的海景，和椎說的一大片綠色草地，海上停泊著一艘補給船。

　　洗完澡小憩片刻，已近落日時分，天氣晴朗，海邊夕陽應該很美，我和智勝動身前往岬灣，順便之後找地方吃晚餐。旅館到岬灣大約一公里的距離，但是日落的速度比我們的腳速似乎快了些，在一家小超市前，為了不想錯過夕陽美景，硬是厚著臉皮攔下一輛正要前來超市的車子。

　　「不好意思打擾，今天夕陽很美，想過去拍照，走過去可能就錯過了，可以麻煩妳載我們過去嗎？」我對搖下車窗的車內女士懇求，智勝則是一副不可置信的眼神。

　　「上車、上車，」我們上車坐定再三感謝，這位女士親切

地說，「今天的夕陽的確會很美，我瞭解你們渴望的心情。」

　　好濃好讓人感動感激的羅塔島人情，真的不負世界最友善島嶼的盛名。因為這份美麗的人情，我們趕上夕陽落海前最美麗的一刻，看著漫天的橘紅霞光倒映在被風吹皺的海面上，海

天共色彷彿浸入染缸的織布，炫彩豔麗。坐在海邊欣賞「夕陽
無限好，只是近黃昏」的短暫美麗，直到整顆火球沒入海平面
消失不見，才帶著滿足迎接逐漸而來的夜色。

CHAPTER 22

潛游天堂。

水下 75 米的懸空冥想

沉沒
馬里亞納海溝的
藍
像是吐泡的魚
在羅塔藍洞中悠游
我是條魚
我想
我的前世
聖光下的輪迴記憶
寂靜
空無
只有呼吸和心跳
剩下的都是
沉默

　　在月光和滿天星星的陪伴下往回走，黑夜已然降臨，瞭望台上點著燈的十字架燦亮耀眼，像燈塔般指引著方向，一路上沒有其他行人和車輛，經過一座占地面積不小的墓園，每個墓碑旁閃爍著微光，森冷但並不覺可怕，倒是回頭這一公里的路程，讓人愈走愈餓。

　　宋宋村的範圍不大，村裡沒有幾家餐廳，所以選擇有限，穿過墓園沒多久看到一家燈火通明的日本料理店 Tokyo En，二話不說就開門走了進去。店裡的擺設說不上日式風格，色調上卻散發著東南亞的異國風情。

　　點完餐跟智勝閒聊時，突然有人走到身邊問我，「今天的夕陽如何？」我抬頭看著她楞了一下，從驚訝轉為驚喜。

「好巧啊！在這又遇見，剛剛真謝謝妳，夕陽真的很美。」

「我在這裡工作，」女子說。

她叫艾蜜莉，就是我在小超市前攔下的的好心開車女子，原來她是這家 Tokyo En 的廚師，餐廳又再相遇，是巧合也是緣分。在這裡還有另一個巧遇，另一桌四位日本客人中有一名我看著眼熟，想起在臉書的照片上看過他，就是隔天要帶我們出海去羅塔洞（Rota Hole）潛水的日本教練山本博史（Hiroshi Yamamoto）先生，在羅塔島大家都叫他的英文名字 Rubin 魯賓。飯後離開前，我們走過去跟他打招呼，請他潛水時多多關照我這位潛水菜鳥。

第二天一大早魯賓的妻子開車前來接我們，魯賓的潛店兼住家位置，無巧不巧就是我們看夕陽附近的那棟獨立房舍，孤伶伶地，當時還想說這戶人家怎麼會選擇在島上離群索居？如今看到當時沒停在門前的遊艇、一格一格可以泊船的碼頭，和

這位日籍的潛水教練，終於明白這戶人家為什麼孤獨地住在周邊沒有其他住戶的這裡。

「住在這裡離碼頭近，拖船出去很方便，」魯賓說。

換上潛水衣出發前，魯賓簡報了今天的潛水位置、潛水路徑、深度和海底地形，以及今天的風況浪況，見識到這位日籍潛水教練一絲不苟的嚴謹態度。

同行潛水的還有兩位日籍潛水客，松島明彥先生和吉田恭子小姐，昨晚在Tokyo En餐廳和魯賓同桌的另兩名客人。他們自從來羅塔島旅行潛水後，這幾年幾乎年年都來，愛上了這裡的潛水環境。羅塔島海水澄澈，海中透視度最深達75米，吉田

小姐說潛游其間有置身天堂的感覺，潛著潛著就潛上癮了。

　　魯賓的皮卡車把船拖出他家前的空地，我們四名潛客坐在皮卡車的後座，車子往另一個碼頭駛去，一路清風和陽光，非常好的潛水天氣。經驗老道的人動作就是不一樣，松島先生和吉田小姐到了潛點，待船停穩後，一個鷂子翻身入海就不見了蹤影，魯賓應該對他們二位非常放心，浮在水面上等我下水，智勝教練也在一旁候著，有兩名教練護駕，加上塞班島的潛水感覺已經回來，這次一點都不慌亂，潛到10多米的深度悠然自得，有更多的餘裕可以欣賞海底世界。

　　跟著魯賓和智勝穿梭在珊瑚岩壁之間，看到的多是已經白

化的各形各狀珊瑚，雖很壯觀，但是灰撲撲一片，缺少了顏色
和生命，眼前游過的熱帶魚也沒新鮮感，倒是看見一尾藏身洞
中只探出頭的章魚，如獲至寶。其實，在大海之中最好別有太
多的期待，遇到奇珍異寶是你的幸，遇不到是你的命，不管是
幸還是命，轉眼都是空，還是放鬆享受海底世界的寧靜與悠游
就好。

　　前面兩潛都是在有著珊瑚岩壁的海域中潛游，後來才知道
魯賓這樣的安排極為體貼，主要考量到我是潛水菜鳥，珊瑚岩
壁附近海域的海流變化比較少，適合體驗潛水和新手訓練，松

島先生和吉田小姐似乎也成了伴游，這兩潛對他們來說都太小兒科。

　　羅塔島最負盛名的潛點是羅塔洞，也是有名的藍洞所在，陽光從洞口射入，就像舞台的聚光燈，也像聖光般，讓潛水者此刻成為海底舞台的主角，特別是身上沒有氣瓶裝備的自由潛水辣妹，曼妙的身姿在光影的投射下，如同九天仙女從天而降，擁有一幀這樣的美照，也就不虛此行。不過不是任何時候都能讓人擁有這般醉心夢幻的照片，魯賓說只有四到六月才能拍出聚光燈、聖光的效果，而且得中午日正當中之時，看來這次是

無緣留下藍洞聖光身影，只能向魯賓索取一張他拍的藍洞聖光照作為紀念，留個懸念，給自己下次再來的理由。

不過在羅塔洞看到海水的能見度頗為震撼，75米真不是蓋的，潛游的過程往下看，會有一種懸浮在科幻世界空境之中的感覺，彷彿一個不小心就會掉落下去。出發前，魯賓一再提醒我下潛羅塔洞之後，記得不要潛到他的下方，海水太清澈，新手會不知不覺往下潛；對剛拿到初級潛水執照的我來說，下潛18米，規定中我的安全極限。

一天三潛，一潛40分鐘，非常扎實的運動量。梳洗完準備離開潛店時，看見魯賓的船清洗後又要拖往碼頭，心想是不是因為我的關係，讓吉田小姐和松島先生潛得不過癮，所以還有第四潛？

「你們不累，還要再潛一趟？」我問吉田小姐。

「不潛了，我們要跟魯賓去海釣。」

「海釣，哇，好棒，祝你們滿載而歸。」

隔天中午我們再回到魯賓的潛店，智勝要拿回他晾曬的潛水衣，然後差不多就要結束羅塔島三天兩夜的行程。吉田小姐和松島先生也在店裡，吉田小姐跟我們搭同班機回塞班，松島先生還要留下來繼續潛水。魯賓太太問我們要不要留下用午餐，菜色是昨天他們釣到的鬼頭刀做成的生魚片丼飯和味噌湯，道地日本人做的道地日本料理怎能錯過。

美味當前，不過卻得來驚險。魯賓他們海釣過程中，發生一幕人和鯊魚的搶魚大戰，吉田小姐秀出相機中的照片，構圖簡潔

有力，一截殘破的魚尾巴釣出藍色海面，無須文字旁白，驚恐度百分百。

「鯊魚出現，真可怕！」我說。

「我們怕死了，看到鯊魚鰭在船附近游動，魯賓把纏繞魚尾巴的釣線剪斷，立刻駕船離開了那個水域。」

吉田小姐生動地描述當時情形，我猜她那一刻應該嚇壞了。接著又秀出船行時拍到一群海豚海中嬉游的影片，她不自覺上揚的聲調，說得好像海豚仍圍繞在眼前。如果我在大海遇見一群海豚，肯定也會跟吉田小姐一樣興奮。

這一趟他們出海，真的應了我的祝福，滿載驚嚇和美好的記憶，還有美味的魚鮮而歸。

吉田恭子提供

CHAPTER 23

一夜盡歡。

銀色月光在海上跳舞

熱情的查莫洛男子
點燃一爐碳火
燃燒羅塔海島的夏日夜晚
火焰隨風扭腰擺動
婀娜跳著探戈
他說
台灣來的朋友
一起狂歡吧
喝酒吃肉
唱歌跳舞
奔放我們的熱情
就在今夜

　　潛完水，獨自留在出船碼頭附近的海邊流連，享受無所事事的愜意，然後拖著疲累的身體漫步回到旅館。我問智勝晚餐要不要去吃披薩，順便看看昨天經過的酒吧有沒有開，我很好奇小村子裡的酒吧長什麼樣。智勝指著旅館後方空地亮了燈的涼亭，「椎來了，帶了肉，在那裡生火，他邀我們過去。」

　　初次相識，查莫洛人的熱情，一如北馬里亞納群島終年的夏日。

　　涼亭旁有個料理食物的灶台，椎帶來的迷你瓦斯爐上正煮著一鍋椰子蟹，一旁

還有待煮的馬鈴薯和牛肉，空地油桶上鋪著烤肉網則是在烤著醃漬過的雞肉，油桶下的木頭碳火嗶剝作響，時不時竄出零星火苗。

　　椎介紹他的親戚塔西（Tasi）跟我們認識，兩人年紀相仿，輩份上塔西卻要喊椎舅舅。塔西跟我們剛見到的椎一樣靦腆，或許陌生，話不多，倒是椎話變多了，也許這裡是他的地盤，今晚他是主人。

　　「牛肉和雞肉是我們家自己養自己殺的，椰子蟹昨晚我和塔西去抓的，想讓你們體驗一下查莫洛的日常食物。」椎盛起煮好的椰子蟹，準備煮牛肉和馬鈴薯時這麼說。

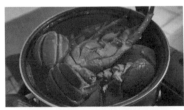

年紀相仿的智勝、椎和塔西

221

褐色的椰子蟹煮熟後紅通通盛放在盤子裡，海鮮的視覺誘惑。

　　椰子蟹是當地的特產，非常道地的查莫洛食物。當地人都是晚上摸黑打著手電筒進到叢林裡尋找捕捉，我後來聽一位在塞班經營餐廳海鮮貨源的老闆娘說，塞班餐廳吃到的椰子蟹不便宜，一隻一公斤左右要價5、60美金，身價不輸龍蝦。

　　來北馬里亞納群島前，從未聽過見過椰子蟹，到了塞班島才耳聞椰子蟹是當地美食，只想說這螃蟹的名字挺有趣，但完全沒把牠跟陸蟹劃上連結。

　　在天寧島自駕時曾和椰子蟹有段巧遇。那天前往噴洞的路上，看到一隻體型不小、馱著殼長相有點奇特的螃蟹正在橫越百老匯大道，我猜牠就是傳說中的椰子蟹。當時腦際中浮出的問題是：「馬路離大海那麼遠，牠要爬多久才能爬到這？」「難

道椰子蟹是陸蟹？和椰子樹有關所以叫椰子蟹？」路旁的確有結著果實的椰子樹，椰子蟹和椰子樹產生了聯想。我滿是好奇地看著牠，拿出相機拍張照片，牠則是充滿恐懼防備地望著我，然後爬呀爬地鑽進草叢裡。

椰子蟹實際上是一種寄居蟹，世界上最大的陸生節肢動物和陸生無脊椎動物，足伸展最長可達一公尺，外殼堅硬，是爬椰子樹的高手，兩隻強壯有力的巨螯能夠剪斷樹上的椰子，並且剝開堅硬的椰子殼，因為吃椰子果肉、蟹肉有椰子香氣而得名，另外，林投果也是椰子蟹的主食來源之一。

不過，椰子蟹是不折不扣的夜行動物，只有太陽下山後才會展開覓食活動，所以當地人都是夜晚捕捉牠們，大白天幾乎不可能看到椰子蟹的蹤影。遇到椰子蟹的那天晚上我拿照片給民宿旅館老闆周軍看，他嘖嘖稱奇，在天寧島住了那麼多年，他一次也沒在白天見過椰子蟹。

我的幸運，光天化日下遇到夜行俠；而且，有機會在羅塔島查莫洛朋友的盛情下，一嚐這傳說中的椰子蟹美味。只是，美味的定義因人而異，椰子蟹並不是我的菜。首先，椰子蟹除了兩支大螯外沒什麼肉，殼硬難咬；其次，身體內呈膏汁狀，淺嚐一口，味道有點說不出的怪異，並沒有椰香味。不想辜負椎的美意，加了點天寧辣椒醬和哇沙比囫圇吞進肚裡；不過吃到椰子蟹我是開心的，而且是在這樣的查莫洛日常情境裡。

烤肉是查莫洛人很重要的生活環節和飲食，醃製過的肉在木頭碳火上燒烤，風味透著原木的香烤氣。負責烤肉的塔西把

高年級實習生：馬里亞納海溝跳島記

烤了差不多的雞肉放回醬汁中再沾淋後再放上網架上繼續烤，塔西說這樣才會更入味。烤雞真的美味，肉嫩味鮮，應該和調的醬汁跟烤法有關，牛肉和馬鈴薯燉湯的味道也非常棒。

滿月的月光灑在海面上，銀色的粼粼波光蕩漾，流淌在羅塔島的夜裡；浪潮一波一波的拍岸聲，交疊著涼亭裡播放有時嘻哈有時抒情的西洋歌，熱鬧了這晚的聚會。我們大口喝酒大口吃肉，開著玩笑聊著天，聽著椎說他的婚姻和孩子，我們像是熟識多年的老朋友般自在，雖然只認識了一天。椎開心地跟我說，我們是他們第一次這樣招待的外來朋友；他眼中透露的高興，我心裡感受的榮幸。

一夜盡歡。酒精催化地剛好，茫而不醉，我帶著滿臉笑意、兩眼迷離地和兩位年輕查莫洛朋友道謝說珍重。夜色中，烤桶的碳火餘爐熠熠燦燦，銀色月光在海上跳著舞。

CHAPTER | 24

心隨境轉。

慢活中找到生命步調

我來說再見
向天邊西沉的太陽
告別
沒有驚擾
安靜地
看著灑金的海洋
慢慢地
沒入黑色的夜裡
沒入時間的沙漏中
然後　瀟瀟地
裝束滿行囊的回憶
飄洋過海
回到我的家鄉

再見　馬里亞納

逝者如斯夫，不舍晝夜。

孔子在河川上的喟嘆，整天與大海為伍的我心有戚戚，時間無情，不會為誰停留，所以行樂要及時。及時行樂，當然不是孔老夫子說這話的本意，只是我個人在馬里亞納海溝上海島生活了近一個月的註解，及時把握活著的當下，去完成一些過去不曾有過的體驗，即使行樂又何妨。

馬里亞納高年級實習生停留在塞班島的最後一天，離半夜兩點的班機還有整整一天，自己給自己安排了一個非正式的拜訪行程，到塞班島免稅商店總經理張文豐夫婦的家作客。

塞班國際機場裡的免稅商店不大，大概十分鐘就逛完了，不過座落在加拉班市中心大街上的免稅購物中心（DFS）T Galleria，那可有得逛了，占地將近3,000坪，世界名牌服飾精品和塞班島特色產品，在這裡都買得到，免稅購物中心這幾年在張文豐的帶領下，營業銷售數字非常亮麗。

張文豐和妻子傅子欣原本是國泰航空的空服員，兩人相識相戀互許終身。張文豐後來轉調國泰航空免稅商品部門，沒想到為他的人生旅程打開一條新路，離開國泰航空後，因緣際會加入了國際免稅商店的行列。

「為什麼會選擇來塞班島？」我問。

「當時有三個工作地點的選擇，我們決定來塞班，一來離香港和台灣近，二來想嘗試過一下海島的生活，」張文豐操著香港腔的中文回答，妻子傅子欣娘家在台灣。

塞班島不完善的地址系統，一開始就讓這對年輕夫妻嚐到找不到公司配給房舍的閉門羹。三年前初來乍到，張文豐拿著寫著路名卻沒門牌號碼的地址怎麼找也找不到房子，問當地人，只見被問的人臉上寫著疑惑，頭上冒著問號，但是一說是免稅商店員工宿舍，查莫洛人的衛星導航GPS立刻啟動，告訴他沿著海灘路一直開，看到左手邊的Star Water招牌後，然後在旁邊的巷子左轉進去就是了。對環境陌生的人來說，在塞班找路就像密室逃脫充滿了挑戰，張文豐的房舍位置所在還算簡單，如果碰到當地人指路九彎十八拐，最好隨身帶著記事本把指令一一記下來。

　　他們的這段故事讓我想到剛來寄宿的浪潛水旅行潛店還真沒有地址門牌，地理位置複雜許多，所幸出入都有潛店的年輕朋友

接送。美國的屬地沒有
門牌號碼的確有點匪夷
所思，不過在問路文化
的適應過程中，他們充
分感受到當地居民的友
善、熱心和耐心。

　　然而當地人的友善，
傅子欣形容是一種「視你
如家人、沒有距離、毫無
保留」的友善。她舉例，在塞班認識的朋友，一通電話打來，「喂，
妳在家，那我十分鐘後過來。」傅子欣說她來不及婉拒，對方已
經掛了電話出門。

　　「這裡的人友善熱情到不會顧及你現在方不方便？是不是
蓬頭垢面？或著家裡亂不亂、需不需要打掃整理？撂下電話就
往你家出發了。打電話只是要確定你人現在在家，這是他們的
人際相處方式，塞班不大，也沒有什麼娛樂，朋友聚會就是他
們最大的快樂來源。」

　　張文豐和傅子欣從人際關係相對冷漠疏離的大城市過來，
注重個人空間和隱私的他們，一開始對這樣來者不拒的熱情感
到困擾，無法適應，這是找路以外的另一個文化衝擊；但是時
間久了，慢慢融入塞班當地的人際文化，對人與人之間的相處
互動模式，從不得不接受到歡喜接受，也改變了他們對「人際」
的看法，人和人之間的距離拉近了，就看到了冷漠以外的美好。

　　觀念的改變，讓張文豐帶領下的免稅商店業績無往不利。塞班免稅購物中心有350名員工，張文豐待之如家人，人人他都叫得出名字。他說，很多其他國家免稅商店的經理人過來，都很驚訝塞班免稅商店的總經理和員工間關係如此親密，看起來就像兄弟姐妹般熱絡。張文豐說得一點都不誇張，我後來提議到免稅購物中心拍點照片，一進去，各櫃台的員工都帶著笑容跟他熱情寒暄，完全沒有老闆和員工間的距離，這是讓我看了感動的地方，我想這也是他做出漂亮業績的原因所在。

　　張文豐花了半年的時間慢慢融入塞班當地的工作型態，他說在香港，工作都是處於一種「催逼」的壓力狀態，習慣於「你必須、應該怎麼做」、「你什麼時候得完成」的工作模式，但是在塞班，他學會多給員工一點時間和忍耐。

　　「他們不是不能不會做，可是他們的生活模式和習慣就是慢，這裡就是慢活啊！事實上，不催逼他們，他們做得更好，」

發現張文豐說話時的臉上散發著柔和的光。

　　一開始他也不懂和不習慣他們做事為什麼那麼慢，明明五分鐘可以處理完的事，總是要拖半天？他花了半年時間慢慢調整適應他們的工作步調、生活步調。

　　「這也改變了我處事急躁凡事講快的性子，後來想想，自己在香港工作的急驚風也許有點變態。」說到變態，他笑了出來。

　　轉個念，生命和生活就可以變得很不一樣，什麼都可以接受，就是一種新的生活樣貌。

　　張文豐的家在海灘路一個巷子裡的社區，獨門獨戶，狹長的房型，還有一個不小的院子，院子裡栽種了一些植物，比較特別的是在塞班島他家院子裡竟然看到到處蔓延的地瓜葉，碩大的蕃薯從土裡冒出了頭。兩人正在為生孩子努力中，養了兩條狗，客廳陳設簡單，生活倒也愜意。

　　這對年輕夫妻跟查莫洛人學會了放慢腳步的生活態度，我也在這樣的對話中學到了寶貴的一課：慢慢的活著，也沒有什麼不好。

　　回到下榻飯店 GrandvRio Resort 等待顆顆教練來接我送機的空檔，穿過飯店的戶外游泳池，走向後方的海灘，我想再看看七色海和塞班的夕陽，留下臨走前的最後一眼，然後告別這一次美麗而難忘的相遇。

　　再見，塞班、天寧、羅塔！
　　再見，馬里亞納！

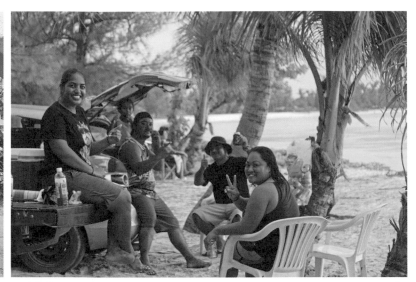

高年級實習生：馬里亞納海溝跳島記 / 劉玉嘉著. --
初版. -- 臺北市：時報文化出版企業股份有限公司，
2023.01
　面；　公分. -- (Across ; 65)
ISBN 978-626-353-248-9(平裝)

1.CST: 遊記 2.CST: 旅遊文學 3.CST: 馬里亞納群島
776.59　　　　　　　　　　　　　　111019643

ISBN 978-626-353-248-9　　　　　　Printed in Taiwan

Across 65

高年級實習生：馬里亞納海溝跳島記

作　　者—劉玉嘉
照片提供—劉玉嘉
封面攝影—Rubin Hiroshi Yamamoto
責任編輯—廖宜家
主　　編—謝翠鈺
企　　劃—陳玟利
美術編輯—ivy_design
封面設計—ivy_design

董 事 長—趙政岷
出 版 者—時報文化出版企業股份有限公司
　　　　　108019 台北市和平西路三段 240 號 7 樓
　　　　　發行專線— (02)2306-6842
　　　　　讀者服務專線— 0800-231705
　　　　　　　　　　　　(02)2304-7103
　　　　　讀者服務傳真— (02)2304-6858
　　　　　郵撥— 19344724 時報文化出版公司
　　　　　信箱— 10899　台北華江橋郵局第 99 信箱
時報悅讀網— http://www.readingtimes.com.tw
法律顧問—理律法律事務所　陳長文律師、李念祖律師
印　　刷—勁達印刷有限公司
初版一刷—2023 年 1 月 13 日
定　　價—新台幣 420 元
缺頁或破損的書，請寄回更換

時報文化出版公司成立於一九七五年，
並於一九九九年股票上櫃公開發行，於二○○八年脫離中時集團非屬旺中，
以「尊重智慧與創意的文化事業」為信念。